Psicologia das Multidões

Gustave Le Bon, médico e sociólogo, nasceu em Nogent--le-Rotrou, França, em 1841. Estudou medicina na Universidade de Paris. Escreveu, entre outros livros, *L'Homme et les Sociétés* e *Les Premières Civilisations*. Faleceu em 1931.

Gustave Le Bon

Psicologia das Multidões

Tradução
MARIANA SÉRVULO DA CUNHA

Posfácio
MARCIA CRISTINA CONSOLIM

wmf **martinsfontes**

1ª edição *2008*
3ª edição *2018*
3ª tiragem *2021*

Tradução
MARIANA SÉRVULO DA CUNHA

Revisão da tradução
Claudia Berliner
Revisão técnica
Marcia Cristina Consolim
Acompanhamento editorial
Luciana Veit
Revisões
Luciana Veit
Ana Maria Alvares
Produção gráfica
Geraldo Alves
Paginação
Studio 3 Desenvolvimento Editorial
Capa
Katia Harumi Terasaka

Dados Internacionais de Catalogação na Publicação (CIP)
(Câmara Brasileira do Livro, SP, Brasil)

Le Bon, Gustave, 1841-1931.
Psicologia das multidões / Gustave Le Bon ; tradução Mariana Sérvulo da Cunha ; posfácio Marcia Cristina Consolim. – 3ª ed. – São Paulo : Editora WMF Martins Fontes, 2018.

Título original: Psychologie des foules.
ISBN 978-85-469-0241-5

1. Comportamento coletivo 2. Multidão 3. Psicologia social I. Consolim, Marcia Cristina. II. Título.

18-22515 CDD-302.33

Índices para catálogo sistemático:
1. Psicologia das multidões : Psicologia social 302.33

Iolanda Rodrigues Biode – Bibliotecária – CRB-8/10014

Editora WMF Martins Fontes Ltda.
Rua Prof. Laerte Ramos de Carvalho, 133 01325-030 São Paulo SP Brasil
Tel. (11) 3293-8150 e-mail: info@wmfmartinsfontes.com.br
http://www.wmfmartinsfontes.com.br

SUMÁRIO

Prefácio do autor 15

INTRODUÇÃO. – A era das multidões 19

Evolução da época atual. – As grandes mudanças de civilização resultam das mudanças no pensamento dos povos. – A crença moderna no poder das multidões. – Ela transforma a política tradicional dos Estados. – Como se produz a chegada ao poder das classes populares e como seu poder se exerce. – Os sindicatos. – Conseqüências decorrentes do poder das multidões. – Elas só podem exercer um papel destrutivo. – Através delas se conclui a dissolução das civilizações velhas demais. – Desconhecimento geral da psicologia das multidões. – Importância do estudo das multidões pelos legisladores e homens de Estado.

PRIMEIRO LIVRO

A ALMA DAS MULTIDÕES

CAPÍTULO I. – Características gerais das multidões. Lei psicológica de sua unidade mental 29

O que constitui uma multidão do ponto de vista psicológico. – Uma numerosa aglomeração de indivíduos não basta para formar uma multidão. – Características específicas das multidões psicológicas. – Orientação fixa das idéias e dos sentimentos dos indivíduos que as compõem e desaparecimento de sua personalidade. – A multidão é sempre dominada pelo inconsciente. – Desaparecimento da vida cerebral e predomínio da vida medular. – Diminuição da inteligência e transformação completa dos sentimentos. – Os sentimentos transformados podem ser melhores ou piores do que os dos indivíduos que compõem a multidão. – A multidão é tão facilmente heróica quanto criminosa.

CAPÍTULO II. – Sentimentos e moralidade das multidões 39

1. *Impulsividade, instabilidade e irritabilidade das multidões.* – A multidão é joguete de todos os estímulos exteriores e reflete suas incessantes variações. – Os impulsos aos quais ela obedece são imperiosos o bastante para que o interesse pessoal desapareça. – Nada nas multidões é premeditado. – Ação da raça. – 2. *Sugestionabilidade e credulidade das multidões.* – Sua obediência às sugestões. – As imagens evocadas em seu espírito são consideradas por elas realidades. – Por que essas imagens são semelhantes em todos os indivíduos que compõem uma multidão. – Equivalência do sábio e do imbecil na multidão. – Diversos exemplos das ilusões às quais todos os indivíduos de uma multidão estão sujeitos. – Impossibilidade de confiar no testemunho das multidões. – A unanimidade de numerosas testemunhas é uma das piores provas que possa ser invocada para estabelecer um fato. – Pouco valor dos livros de história. – 3. *Exagero e simplismo dos sentimentos das multidões.* – As multidões desconhecem a dúvida e a incerteza e sempre che-

gam aos extremos. – Seus sentimentos sempre são excessivos. – 4. *Intolerância, autoritarismo e conservadorismo das multidões.* – Razões desses sentimentos. – Servilismo das multidões perante uma autoridade forte. – Os instintos revolucionários momentâneos das multidões não as impedem de ser extremamente conservadoras. – Elas são instintivamente hostis às mudanças e ao progresso. – 5. *Moralidade das multidões.* – A moralidade das multidões pode, conforme as sugestões, ser muito inferior ou muito mais elevada do que a dos indivíduos que as compõem. – Explicação e exemplos. – As multidões raramente tomam como guia o interesse que, geralmente, é o móvel exclusivo do indivíduo isolado. – Papel moralizador das multidões.

CAPÍTULO III. – Idéias, raciocínios e imaginação das multidões 61

1. *As idéias das multidões.* – As idéias fundamentais e as idéias acessórias. – Como idéias contraditórias podem subsistir simultaneamente. – Transformações que as idéias superiores devem sofrer para se tornarem acessíveis às multidões. – O papel social das idéias independe da parcela de verdade que possam conter. – 2. *Os raciocínios das multidões.* – As multidões não são influenciáveis por raciocínios. – Os raciocínios das multidões são sempre de ordem muito inferior. – As idéias que elas associam têm apenas aparência de analogia ou de sucessão – 3. *A imaginação das multidões.* – Poder da imaginação das multidões. – Elas pensam por imagens e essas imagens se sucedem sem qualquer nexo. – O que chama a atenção das multidões é sobretudo o lado maravilhoso das coisas. – O maravilhoso e o lendário são os verdadeiros suportes das civilizações. – A imaginação popular sempre foi a base do poder dos homens de Estado. – Como se apresentam os fatos capazes de impressionar a imaginação das multidões.

CAPÍTULO IV. – Formas religiosas de que se revestem todas as convicções das multidões 71
Componentes do sentimento religioso. – Ele independe da adoração de uma divindade. – Suas características. – Poder das convicções que se revestem da forma religiosa. – Diversos exemplos. – Os deuses populares nunca desapareceram. – Novas formas sob as quais renascem. – Formas religiosas do ateísmo. – Importância dessas noções do ponto de vista histórico. – A Reforma, a Noite de São Bartolomeu, o Terror e todos os acontecimentos análogos são conseqüência dos sentimentos religiosos das multidões e não da vontade de indivíduos isolados.

SEGUNDO LIVRO
AS OPINIÕES E AS CRENÇAS DAS MULTIDÕES

CAPÍTULO I. – Fatores longínquos das crenças e opiniões das multidões 79
Fatores preparatórios das crenças das multidões. – A eclosão das crenças das multidões é conseqüência de uma elaboração anterior. – Estudo dos diversos fatores dessas crenças. – 1. *A raça.* – Influência predominante que exerce. – Ela representa as sugestões dos ancestrais. – 2. *As tradições.* – Elas são a síntese da alma da raça. – Importância social das tradições. – Como, após terem sido necessárias, tornam-se prejudiciais. – As multidões são quem conserva as idéias tradicionais de modo mais tenaz. – 3. *O tempo.* – Ele prepara sucessivamente o estabelecimento das crenças e depois sua destruição. – É graças a ele que a ordem pode surgir do caos. – 4. *As instituições políticas e sociais.* – Idéia equivocada de seu papel. – Sua influência é extremamente fraca. – Elas são efeitos e não cau-

sas. – Os povos não escolhem as instituições que lhes parecem as melhores. – As instituições são etiquetas que, sob um mesmo título, abrigam as coisas mais dessemelhantes. – Como se criam as constituições. – Necessidade que alguns povos têm de instituições teoricamente ruins, tais como a centralização. – 5. *A instrução e a educação.* – Equívocos das idéias atuais sobre a influência da instrução nas multidões. – Indicações estatísticas. – Papel desmoralizador da educação latina. – Papel que a instrução poderia exercer. – Exemplos fornecidos por diversos povos.

CAPÍTULO II. – Fatores imediatos das opiniões das multidões 97

1. *As imagens, as palavras e as fórmulas.* – Poder mágico das palavras e das fórmulas. – O poder das palavras liga-se às imagens que evocam e independe de seu sentido real. – Essas imagens variam de época para época, de raça para raça. – O desgaste das palavras. – Exemplos das importantes variações do sentido de algumas palavras muito usuais. – Utilidade política de batizar com nomes novos as coisas antigas, quando as palavras com as quais eram designadas produzem uma desagradável impressão nas multidões. – Variações do sentido das palavras conforme a raça. – Diferentes sentidos da palavra democracia na Europa e na América. – 2. *As ilusões.* – Sua importância. – Podemos encontrá-las na base de todas as civilizações. – Necessidade social das ilusões. – As multidões sempre as preferem às verdades. – 3. *A experiência.* – Somente a experiência pode estabelecer, na alma das multidões, verdades que se tornaram necessárias e destruir ilusões que se tornaram perigosas. – A experiência só produz efeito se for freqüentemente repetida. – O custo das experiências necessárias para persuadir as multidões. 4. *A razão.* – Nulidade de sua influência sobre as multidões. – Só se age sobre elas

agindo sobre seus sentimentos inconscientes. – O papel da lógica na história. – As causas secretas dos acontecimentos improváveis.

CAPÍTULO III. – Os condutores das multidões e seus meios de persuasão 111
1. *Os condutores das multidões.* – Necessidade instintiva de todos os seres em multidão obedecerem a um líder. – Psicologia dos condutores. – Somente eles podem criar a fé e dar uma organização às multidões. – Inevitável despotismo dos líderes. – Classificação dos líderes. – Papel da vontade. – 2. *Os meios de ação dos líderes: a afirmação, a repetição e o contágio.* – Respectivo papel desses diversos fatores. – Como o contágio pode se elevar das camadas inferiores às camadas superiores de uma sociedade. – Uma opinião popular logo se torna uma opinião geral. – 3. *O prestígio.* – Definição e classificação do prestígio. – O prestígio adquirido e o prestígio pessoal. – Diversos exemplos. – Como o prestígio morre.

CAPÍTULO IV. – Limites de variabilidade das crenças e das opiniões das multidões 131
1. *As crenças fixas.* – Invariabilidade de certas crenças gerais. – Elas são os guias de uma civilização. – Dificuldade de desenraizá-las. – Em que a intolerância constitui uma virtude para os povos. – O absurdo filosófico de uma crença geral não pode prejudicar sua propagação. – 2. *As opiniões móveis das multidões.* – Extrema mobilidade das opiniões que não derivam das crenças gerais. – Variações aparentes das idéias e das crenças em menos de um século. – Reais limites dessas variações. – Elementos sobre os quais a variação incidiu. – O atual desaparecimento das crenças gerais e a extrema difusão da imprensa tornam as opiniões cada vez mais móveis atualmente. – Como as opiniões das multidões sobre a maioria dos temas

tendem à indiferença. – Impotência dos governos para dirigir a opinião como outrora. – O atual esfacelamento das opiniões impede sua tirania.

TERCEIRO LIVRO

CLASSIFICAÇÃO E DESCRIÇÃO DAS DIVERSAS CATEGORIAS DE MULTIDÕES

CAPÍTULO I. – **Classificação das multidões** 145

Divisões gerais das multidões. – Sua classificação. – 1. *Multidões heterogêneas.* – Como se diferenciam. – Influência da raça. – A alma da multidão é tanto mais fraca quanto mais forte for a alma da raça. – A alma da raça representa o estado de civilização e a alma da multidão, o estado de barbárie. – 2. *Multidões homogêneas.* – Divisão das multidões homogêneas. – As seitas, as castas e as classes.

CAPÍTULO II. – **As multidões ditas criminosas** 151

As multidões ditas criminosas. – Uma multidão pode ser legalmente mas não psicologicamente criminosa. – Completa inconsciência dos atos das multidões. – Diversos exemplos. – Psicologia dos "septembriseurs" – Seus raciocínios, sua sensibilidade, sua ferocidade e sua moralidade.

CAPÍTULO III. – **Os jurados de tribunal de júri** 157

Os jurados de tribunal de júri. – Características gerais dos jurados. – A estatística mostra que suas decisões independem de sua composição. – Como os jurados são impressionados. – Pouca importância do raciocínio. – Métodos de persuasão de célebres advogados. – Natureza dos crimes com os quais os jurados são indulgentes ou severos. – Utilidade da instituição do júri e o perigo extremo que sua substituição por magistrados representaria.

CAPÍTULO IV. – As multidões eleitorais 165
Características gerais das multidões eleitorais. – Como persuadi-las. – Qualidades que o candidato deve possuir. – Necessidade de prestígio. – Por que operários e camponeses tão raramente escolhem os candidatos de seu meio. – Poder das palavras e das fórmulas sobre o eleitor. – Características gerais das discussões eleitorais. – Como se formam as opiniões do eleitor. – Poder dos comitês. – Eles representam a forma mais temível de tirania. – Os comitês da Revolução. – Apesar de seu fraco valor psicológico, o sufrágio universal não pode ser substituído. – Por que os votos seriam idênticos, mesmo se o direito de sufrágio fosse restrito a uma classe limitada de cidadãos. – O que o sufrágio universal de todos os países traduz.

CAPÍTULO V. – As assembléias parlamentares......... 175
As multidões parlamentares possuem a maioria das características das multidões heterogêneas não anônimas – Simplismo das opiniões. – Sugestionabilidade e limites dessa sugestionabilidade. – Opiniões fixas irredutíveis e opiniões móveis. – Por que a indecisão predomina. – Papel dos líderes. – Razão de seu prestígio. – Eles são os verdadeiros chefes de uma assembléia cujos votos, portanto, são apenas os de uma reduzida minoria. – Poder absoluto que exercem. – Os elementos de sua arte oratória. – As palavras e as imagens. – Necessidade psicológica que os líderes têm de serem geralmente convictos e limitados. – Impossibilidade do orador sem prestígio fazer seus argumentos prevalecerem. – Sentimentos exagerados, bons ou maus, nas assembléias. – Automatismo a que chegam em certos momentos. – As sessões da Conven-

ção. – Casos em que uma assembléia perde as características de multidão. – Influência dos especialistas nas questões técnicas. – Vantagens e perigos do regime parlamentar em todos os países. – Ele se adapta às necessidades modernas, mas acarreta o desperdício das finanças e a progressiva restrição de todas as liberdades. – *Conclusão.*

Posfácio 193

PREFÁCIO DO AUTOR[1]

O conjunto de características comuns impostas pelo meio e pela hereditariedade a todos os indivíduos de um povo constitui a alma desse povo.

Por serem de origem ancestral, essas características são muito estáveis. Mas quando, sob diversas influências, um certo número de homens encontra-se momentaneamente reunido, a observação demonstra que às suas características ancestrais acrescenta-se uma série de características novas, às vezes muito diferentes das da raça.

Seu conjunto constitui uma alma coletiva poderosa, mas momentânea.

As multidões sempre tiveram na história um papel importante, embora nunca tão considerável quanto hoje. A ação inconsciente das multidões, substituindo a atividade consciente dos indivíduos, representa uma das características da época atual.

---

1. Nada foi modificado nesta obra, cuja primeira edição foi publicada em 1895. As idéias nela expostas, e que pareceram então muito paradoxais, hoje tornaram-se clássicas. A *Psicologia das multidões* foi traduzida em diversas línguas: inglês, alemão, espanhol, russo, sueco, tcheco, polonês, turco, arábe, japonês etc.

A TH. RIBOT
Diretor da *Revue Philosophique*,
Professor de Psicologia no
Collège de France,
Membro do Instituto,
Afetuosa Homenagem.

INTRODUÇÃO
A ERA DAS MULTIDÕES

À primeira vista, as grandes convulsões que precedem as mudanças de civilização parecem determinadas por transformações políticas consideráveis: invasões de povos ou derrubadas de dinastias. Mas um estudo atento desses acontecimentos muitas vezes descobre como causa real, por trás de suas causas aparentes, uma profunda modificação nas idéias dos povos. As verdadeiras convulsões históricas não são as que nos espantam por sua grandeza e violência. As únicas mudanças importantes, aquelas das quais provém a renovação das civilizações, produzem-se nas opiniões, concepções e crenças. Os acontecimentos memoráveis são os efeitos visíveis das invisíveis mudanças dos sentimentos dos homens. Se eles raramente se manifestam, é porque o fundo hereditário dos sentimentos de uma raça é seu elemento mais estável.

A época atual constitui um dos momentos críticos em que o pensamento humano está em via de transformação.

Dois fatores fundamentais estão na base dessa transformação. O primeiro é a destruição das crenças religiosas, políticas e sociais de que derivam todos os elementos de nossa civilização. O segundo, a criação de condições de vida e de pensamento inteiramente novas, geradas pelas descobertas modernas das ciências e da indústria.

Visto que as idéias do passado, embora abaladas, ainda são muito poderosas e as que devem substituí-las estão apenas em via de formação, a Idade Moderna representa um período de transição e de anarquia.

Não é fácil dizer atualmente o que poderá um dia sair de um período como esse, forçosamente um pouco caótico. Sobre quais idéias fundamentais se edificarão as sociedades que sucederão à nossa? Ainda não sabemos. Mas pode-se prever desde já que terão de contar em sua organização com um novo poder, último soberano da Idade Moderna: o poder das multidões. Sobre as ruínas de tantas idéias consideradas verdadeiras outrora e hoje mortas, de tantos poderes sucessivamente destruídos pelas revoluções, esse é o único que se ergueu e que parece dever rapidamente absorver os demais. Enquanto nossas antigas crenças cambaleiam e desaparecem, enquanto as velhas colunas das sociedades desabam sucessivamente, a ação das multidões é a única força que nada ameaça e cujo prestígio sempre aumenta. A idade em que entramos será verdadeiramente a *era das multidões*.

Há apenas um século, a política tradicional dos Estados e as rivalidades dos príncipes constituíam os principais fatores dos acontecimentos. A opinião das multidões geralmente não contava. Hoje, as tradições políticas, as tendências individuais dos soberanos, suas rivalidades têm pouco peso. A voz das multidões tornou-se preponderante. Dita aos reis sua conduta. Não é mais nos conselhos dos príncipes, mas na alma das multidões que os destinos das nações se preparam.

A chegada das classes populares à vida política, sua progressiva transformação em classes dirigentes é uma das características mais chamativas de nossa época de transição. Essa chegada não foi marcada, na realidade, pelo sufrágio universal, tão pouco influente durante muito tempo e tão fácil de dirigir no começo. O surgimento do poder das multidões deu-se primeiramente pela propagação de certas idéias lentamente implantadas nos espíritos, depois pela gradual associação dos indivíduos que levou à realização de concepções até então teóricas. A associação permitiu às multidões formar idéias, se não muito justas, ao menos muito firmes sobre seus interesses, e tomar consciência de sua força. Elas fundam sindicatos diante dos quais todos os poderes capitulam, bolsas de trabalhos que, a despeito das leis econômicas, tendem a reger as condições do trabalho e do salário. Enviam para as assembléias governamentais representantes desprovidos de toda iniciativa, de toda independência, e amiúde reduzidos a simples porta-vozes dos comitês que os escolheram.

Hoje as reivindicações das multidões tornam-se cada vez mais claras e tendem a destruir completamente a sociedade atual para reconduzi-la ao comunismo primitivo, que era o estado normal de todos os grupos humanos antes da aurora da civilização. Limitação das horas de trabalho, expropriação das minas, das estradas de ferro, das fábricas e do solo; distribuição igual dos produtos, supressão das classes superiores em proveito das classes populares etc. Essas são as reivindicações.

Pouco aptas ao raciocínio, as multidões mostram-se, ao contrário, muito aptas à ação. A atual organização torna a força delas imensa. Os dogmas que vemos nascer rapidamente adquirirão o poder dos velhos dogmas, isto é, a força tirânica e soberana que descarta qualquer discussão. O direito divino das multidões substitui o direito divino dos reis.

Os escritores que gozam dos favores de nossa burguesia e que melhor representam suas idéias um pouco estreitas, suas opiniões um pouco limitadas, seu ceticismo um pouco sumário, seu egoísmo às vezes excessivo, enlouquecem diante do novo poder que vêem crescer e, para combater a desordem dos espíritos, dirigem apelos desesperados às forças morais da Igreja, outrora tão desdenhadas por eles. Falam da bancarrota da ciência e nos chamam de volta para os ensinamentos das verdades reveladas. Mas esses novos convertidos esquecem que, se a graça realmente os tocou, ela não poderia ter o mesmo poder sobre almas pouco preocupadas com o além. Hoje as multidões já não querem os deuses que seus antigos mestres renegaram ontem e contribuíram para destruir. Os rios não regressam a suas fontes.

A ciência não sofreu bancarrota e nada tem a ver com a anarquia atual dos espíritos nem com o novo poder que cresce no meio dessa anarquia. Ela nos prometeu a verdade, ou pelo menos o conhecimento das relações acessíveis à nossa inteligência; nunca nos prometeu a paz ou a felicidade. Soberanamente indiferente aos nossos sentimentos, não escuta nossas lamentações e nada poderia restabelecer as ilusões afugentadas por ela.

Sintomas universais mostram em todas as nações o rápido aumento do poder das multidões. Independentemente do que ele nos traga, deveremos suportá-lo. Recriminações são palavras vãs. O advento das multidões marcará talvez uma das últimas etapas das civilizações do Ocidente, um retorno aos períodos de confusa anarquia que precederam a eclosão das novas sociedades. Mas como impedi-lo?

Até aqui as grandes destruições de civilizações envelhecidas constituíram o papel mais claro das multidões. A história ensina que no momento em que as forças morais, base de uma sociedade, perdem seu vigor, a dissolução final é efetuada pelas multidões inconscientes e brutais adequadamente qualificadas como bárbaras. Até aqui as civilizações foram criadas e guiadas por uma pequena aristocracia intelectual, nunca pelas multidões. Estas têm poder apenas para destruir. Seu domínio sempre representa uma fase de desordem. Uma civilização implica regras fixas, uma disciplina, a passagem do instintivo ao racional, a previsão do futuro, um elevado grau de cultura, condições totalmente inacessíveis às multidões abandonadas a si mesmas. Por seu poder unicamente destrutivo, agem como os micróbios que ativam a dissolução dos corpos debilitados ou dos cadáveres. Quando o edifício de uma civilização está carcomido, as multidões levam-no ao desmoronamento. É quando seu papel aparece. A força cega da quantidade torna-se por um instante a única filosofia da história.

Acontecerá o mesmo com nossa civilização? Podemos temê-lo, mas ainda o ignoramos.

Resignemo-nos a suportar o reinado das multidões, visto que mãos imprevidentes derrubaram sucessivamente todas as barreiras que poderiam contê-las.

Conhecemos muito pouco essas multidões de que tanto se começa a falar. Os psicólogos profissionais, tendo vivido longe delas, sempre as ignoraram e delas se ocuparam apenas do ponto de vista dos crimes que elas podem cometer. As multidões criminosas sem dúvida existem, mas há também multidões virtuosas, multidões heróicas e ainda muitas outras. Os crimes das multidões são apenas um caso particular de sua psicologia e não fariam conhecer sua constituição mental, assim como não se conhece a do indivíduo apenas descrevendo seus vícios.

Contudo, para falar a verdade, os senhores do mundo, os fundadores das religiões ou dos impérios, os apóstolos de todas as crenças, os eminentes homens de Estado e, numa esfera mais modesta, os simples chefes de pequenas coletividades humanas sempre foram psicólogos inconscientes, que possuíam um conhecimento instintivo da alma das multidões, em geral muito seguro. Conhecendo-a bem, tornaram-se facilmente seus senhores. Napoleão compreendia maravilhosamente a psicologia das multidões francesas, mas em alguns casos desconheceu completamente a das multidões de raças diferentes[1]. Esse desconhecimento o fez empreender, na Espanha e na Rússia notadamente, guerras que prepararam sua queda.

O conhecimento da psicologia das multidões constitui o expediente do homem de Estado que quer, não governá-las – coisa que hoje se tornou muito difícil –, mas ao menos não ser completamente governado por elas.

A psicologia das multidões mostra até que ponto as leis e as instituições exercem pouca influência sobre sua natureza impulsiva e quanto são incapazes de ter quaisquer opiniões além das que lhes são sugeridas. Regras derivadas da eqüidade teórica pura não poderiam conduzi-las.

---

1. Aliás, seus conselheiros mais perspicazes tampouco a compreenderam. Talleyrand escreveu-lhe que "a Espanha acolhia seus soldados como libertadores". Ela os acolheu como animais selvagens. Um psicólogo a par dos instintos hereditários da raça teria facilmente podido prevê-lo.

Somente as impressões que se fazem surgir em sua alma podem seduzi-las. Se um legislador quer, por exemplo, estabelecer um novo imposto, deverá escolher o mais justo teoricamente? De modo algum. O mais injusto poderá ser na prática o melhor para as multidões, se for o menos visível e aparentemente o menos pesado. Por isso um imposto indireto, mesmo exorbitante, sempre será aceito pela multidão. Sendo diariamente recolhido nos objetos de consumo, por frações de centavos, não atrapalha seus hábitos e pouco a impressiona. Substituam-no por um imposto proporcional aos salários ou a outras rendas, a ser pago de uma única vez, mesmo que seja dez vezes menos pesado que o outro e ele suscitará protestos unânimes. Os centavos invisíveis de cada dia são de fato substituídos por uma soma total relativamente elevada e, conseqüentemente, muito impressionante. Só passaria despercebida se tivesse sido posta de lado centavo por centavo; mas tal procedimento econômico representa uma dose de antevisão da qual as multidões são incapazes.

O exemplo anterior aclara bem a mentalidade delas, que não havia escapado a um psicólogo como Napoleão; mas os legisladores, por ignorarem a alma das multidões, não poderiam compreendê-la. A experiência ainda não lhes ensinou o suficiente que os homens nunca se comportam seguindo as prescrições da razão pura.

A psicologia das multidões poderia ter muitas outras aplicações. Seu conhecimento lança uma viva luz sobre numerosos fenômenos históricos e econômicos totalmente ininteligíveis sem ela.

Portanto, fosse apenas por pura curiosidade, o estudo da psicologia das multidões mereceria ser tentado. É tão interessante decifrar os móveis das ações dos homens quanto um mineral ou uma planta.

Nosso estudo da alma das multidões não poderá ser mais que uma breve síntese, um simples resumo de nossas investigações. Devemos esperar dele apenas algumas visões sugestivas. Outros o aprofundarão. Hoje não faremos mais que abrir um caminho num terreno ainda muito inexplorado[2].

---

2. Os raros autores que se dedicaram ao estudo psicológico das multidões investigaram-nas, dizia eu anteriormente, unicamente do ponto de vista criminal. Tendo consagrado a esse último tema apenas um curto capítulo, remeto o leitor aos estudos de M. TARDE e ao opúsculo de M. SIGHELE: *Les foules criminelles* [As multidões criminosas]. Este último trabalho não contém uma única idéia pessoal do autor, trata-se de uma compilação de fatos preciosos para os psicólogos. Minhas conclusões sobre a criminalidade e a moralidade das multidões são, aliás, totalmente contrárias às dos dois escritores que acabo de citar.

Encontram-se nas minhas diversas obras e especialmente em *La psychologie du socialisme* [A psicologia do socialismo] algumas conseqüências das leis que regem a psicologia das multidões. Aliás, elas podem ser utilizadas nos mais diversos campos. M. A. Gevaert, diretor do Conservatório Real de Bruxelas, recentemente encontrou uma notável aplicação das leis que expusemos em um trabalho sobre a música, qualificada adequadamente por ele de "arte das multidões". "Foram as suas duas obras", escreveu esse eminente professor ao me enviar seu memorial, "que me deram a solução de um problema considerado por mim anteriormente como insolúvel: a espantosa aptidão de toda multidão para apreciar uma obra musical recente ou antiga, autóctone ou estrangeira, simples ou complicada, desde que provenha de uma bela execução e de músicos dirigidos por um maestro entusiasta." M. Gevaert mostra admiravelmente por que "uma obra que permanece incompreendida por músicos eméritos que lêem a partitura na solidão de seu escritório é às vezes imediatamente apreendida por um auditório alheio a toda cultura técnica". Também explica muito bem por que essas impressões estéticas não deixam nenhum vestígio.

PRIMEIRO LIVRO

A ALMA DAS MULTIDÕES

CAPÍTULO I

CARACTERÍSTICAS GERAIS DAS MULTIDÕES LEI PSICOLÓGICA DE SUA UNIDADE MENTAL

Em sentido comum, a palavra multidão representa uma reunião de indivíduos quaisquer, independentemente de sua nacionalidade, sua profissão ou seu sexo, independentemente também dos acasos que os aproximam.

Do ponto de vista psicológico, a expressão multidão adquire um significado totalmente diverso. Em certas circunstâncias específicas, e somente nessas circunstâncias, uma aglomeração de homens possui características novas muito diferentes daquelas de cada indivíduo que a compõe. A personalidade consciente desaparece, os sentimentos e as idéias de todas as unidades orientam-se numa mesma direção. Forma-se uma alma coletiva, sem dúvida transitória, mas que apresenta características muito nítidas. A coletividade torna-se então o que, na falta de uma expressão melhor, eu chamaria uma multidão organizada ou, se preferirmos, uma multidão psicológica. Ela forma um único ser e encontra-se submetida à *lei da unidade mental das multidões*.

O fato de muitos indivíduos se encontrarem acidentalmente lado a lado não lhes confere as características de uma multidão organizada. Mil indivíduos reunidos ao acaso em uma praça pública sem qualquer objetivo determinado não constituem absolutamente uma multidão psicológica. Para adquirir suas características específicas, é preciso haver a influência de certos estímulos cuja natureza teremos de determinar.

O desaparecimento da personalidade consciente e a orientação dos sentimentos e dos pensamentos em um mesmo sentido, primeiros traços da multidão em via de organização, nem sempre implicam a presença simultânea de vários indivíduos em um único local. Milhares de indivíduos separados podem em um dado momento, sob a influência de certas emoções violentas, um grande acontecimento nacional, por exemplo, adquirir as características de uma multidão psicológica. Um acaso qualquer que os reúna bastará então para que sua conduta logo se revista da forma específica dos atos das multidões. Em certas horas da história, meia dúzia de homens podem constituir uma multidão psicológica, ao passo que centenas de indivíduos reunidos acidentalmente podem não constituí-la. Por outro lado, um povo inteiro, sem que haja aglomeração visível, às vezes torna-se multidão sob a ação desta ou daquela influência.

Formada a multidão psicológica, ela adquire características gerais provisórias, mas determináveis. A essas características gerais acrescentam-se características particulares, variáveis segundo os elementos de que a multidão se compõe e que podem modificar sua estrutura mental.

As multidões psicológicas são portanto suscetíveis de classificação. O estudo dessa classificação nos mostrará que uma multidão heterogênea, composta por elementos dessemelhantes, apresenta em relação às multidões homogêneas, formadas por elementos mais ou menos semelhantes (seitas, castas e classes), características comuns e, ao lado dessas características comuns, particularidades que permitem diferenciá-las.

Antes de nos ocuparmos com as diversas categorias de multidão, examinemos as características comuns a todas. Agiremos como o naturalista, determinando inicialmente as características gerais dos indivíduos de uma família, depois as características particulares que diferenciam os gêneros e as espécies que essa família engloba.

Não é fácil descrever a alma das multidões, pois sua organização varia não somente segundo a raça e a composição das coletividades, mas também segundo a natureza e o grau de estímulos a que estão submetidas. A mesma dificuldade apresenta-se, de resto, no estudo psicológico de um ser qualquer. Nos romances, os indivíduos possuem um caráter constante, mas não na vida real. Somente a uniformidade dos meios cria a uniformidade aparente dos caracteres. Mostrei em outro lugar que todas as constituições mentais contêm possibilidades de caracteres que podem se revelar sob a influência de uma brusca mudança de meio. Assim, entre os mais ferozes convencionais havia inofensivos burgueses que, em circunstâncias comuns, teriam sido pacíficos notários ou virtuosos magistrados. Tendo passado a tempestade, eles recobraram seu caráter normal. Napoleão encontrou entre eles seus mais dóceis servidores.

Não podendo estudar aqui todas as etapas da formação das multidões, vamos examiná-las sobretudo na sua fase de completa organização. Veremos portanto o que podem se tornar, não o que são habitualmente. Exclusivamente nessa fase avançada de organização é que, sobre o fundo invariável e dominante da raça, sobrepõem-se algumas características novas e específicas que provocam a orientação de todos os sentimentos e pensamentos da coletividade numa direção idêntica. Somente então se manifesta o que acima denominei *a lei psicológica da unidade mental das multidões*.

Várias características psicológicas das multidões são comuns a elas e a indivíduos isolados; outras, ao contrário, encontram-se somente nas coletividades. Inicialmente, estudaremos essas características específicas para mostrar sua importância.

O fato mais surpreendente apresentado por uma multidão psicológica é o seguinte: quaisquer que sejam os indivíduos que a compõem, por mais semelhantes ou dessemelhantes que possam ser seu tipo de vida, suas ocupações, seu caráter ou sua inteligência, o mero fato de se haverem transformado em multidão dota-os de uma espécie de alma coletiva. Essa alma os faz sentir, pensar e agir de um modo completamente diferente daquele como sentiria, pensaria e agiria cada um deles isoladamente. Algumas idéias, alguns sentimentos só surgem ou se transformam em atos nos indivíduos em multidão. A multidão psicológica é um ser provisório, composto de elementos heterogêneos por um instante amalgamados, exatamente como as células de um corpo vivo formam por meio de sua reunião um novo ser que apresenta características muito diferentes daquelas que cada uma das células possui.

Contrariamente à opinião que nos espantamos de encontrar na pena de um filósofo tão penetrante quanto Herbert Spencer, no agregado constituinte de uma multidão não há de modo algum soma e média dos elementos, mas combinação e criação de novas características. Como na química. Alguns elementos postos juntos, as bases e os ácidos por exemplo, combinam-se para formar um novo corpo dotado de propriedades diferentes daquelas dos corpos que serviram para constituí-lo.

É fácil constatar em que medida o indivíduo na multidão difere do indivíduo isolado; porém, é menos fácil descobrir as causas de tamanha diferença.

Para chegar a entrevê-las, é preciso lembrar-se primeiro desta observação da psicologia moderna: não é somente na vida orgânica, é também no funcionamento da inteligência que os fenômenos inconscientes desempenham um papel preponderante. A vida consciente do espírito representa apenas uma pequena parte comparada à sua vida inconsciente. O mais sutil dos analistas, o mais penetrante dos observadores consegue descobrir apenas um número muito reduzido dos móveis inconscientes que o dirigem. Nossos atos conscientes derivam de um substrato inconsciente formado sobretudo por influências hereditárias. Esse substrato contém os inumeráveis resíduos ancestrais que constituem a alma da raça. Por detrás das causas confessas de nossos atos encontram-se causas secretas que ignoramos. A maioria de nossas ações corriqueiras é efeito de móveis ocultos que nos escapam.

É sobretudo pelos elementos inconscientes que compõem a alma de uma raça que todos os indivíduos dessa raça se parecem. É pelos elementos conscientes, frutos da educação, mas sobretudo de uma hereditariedade excepcional, que diferem. Os homens mais dessemelhantes por sua inteligência têm instintos, paixões, sentimentos às vezes idênticos. Em tudo o que é matéria de sentimento – religião, política, moral, afetos, antipatias etc. –, os homens mais eminentes muito raramente ultrapassam o nível dos indivíduos ordinários. Entre um célebre matemático e seu sapateiro pode existir um abismo sob o aspecto intelectual, mas do ponto de vista do caráter e das crenças a diferença é em geral nula ou diminuta.

Ora, essas qualidades gerais do caráter, regidas pelo inconsciente e possuídas mais ou menos no mesmo grau pela maioria dos indivíduos normais de uma raça, são exatamente aquelas que, nas multidões, são partilhadas. Na alma coletiva, apagam-se as aptidões intelectuais dos homens e conseqüentemente sua individualidade. O heterogêneo perde-se no homogêneo e as qualidades inconscientes dominam.

O partilhar de qualidades ordinárias explica por que as multidões não poderiam realizar atos que exigem uma inteligência elevada. As decisões de interesse geral tomadas por uma assembléia de homens distintos, mas de especialidades diversas, não são sensivelmente superiores às decisões que uma reunião de imbecis tomaria. De fato, podem apenas associar as qualidades medíocres que todo o mundo possui. As multidões acumulam não a inteligência, mas a mediocridade. Não é todo o mundo, como se diz tão freqüentemente, que tem mais espírito que Voltaire. Voltaire certamente tem mais espírito do que todo o mundo, se "todo o mundo" significa as multidões.

Mas se os indivíduos na multidão se limitassem a fundir suas qualidades ordinárias, haveria simplesmente mediania e não, como dissemos, criação de características novas. Como se estabelecem essas características? Examinemos agora essa questão.

Diversas causas determinam o surgimento das características específicas das multidões. A primeira é que o indivíduo na multidão adquire, exclusivamente por causa do número, um sentimento de poder invencível que lhe permite ceder a instintos que, sozinho, teria forçosamente refreado. Cederá a eles ainda mais facilmente na medida em que, sendo a multidão anônima e conseqüentemente irresponsável, desaparece inteiramente o sentimento de responsabilidade que sempre detém os indivíduos.

Uma segunda causa, o contágio mental, intervém igualmente para determinar nas multidões a manifestação de características específicas e ao mesmo tempo sua orientação. O contágio é um fenômeno fácil de constatar, mas ainda não explicado, e que deve ser associado aos fenômenos de ordem hipnótica a serem estudados adiante. Em uma multidão, todo sentimento, todo ato é contagioso, e contagioso ao ponto de que o indivíduo sacrifique muito facilmente seu interesse pessoal ao interesse coletivo. Essa é uma propensão contrária à sua natureza, da qual o homem torna-se capaz apenas quando faz parte de uma multidão.

Uma terceira causa, e de longe a mais importante, determina nos indivíduos na multidão características específicas às vezes muito opostas às do indivíduo isolado. Falo da sugestionabilidade, da qual o contágio mencionado acima é aliás apenas um efeito.

Para compreender esse fenômeno, é preciso ter presentes no espírito algumas recentes descobertas da fisiologia. Sabemos hoje que um indivíduo pode ser posto num estado tal que, tendo perdido sua personalidade consciente, obedeça a todas as sugestões do operador que o fez perdê-la e cometa os atos mais contrários ao seu caráter e aos seus hábitos. Ora, acuradas observações parecem provar que o indivíduo mergulhado há algum tempo numa multidão agitada rapidamente cai – devido às emanações que dela se desprendem, ou por alguma outra causa ainda ignorada – num estado particular, que muito se aproxima do estado de fascinação do hipnotizado nas mãos de seu hipnotizador. Estando paralisada a atividade cerebral do sujeito hipnotizado, ele se torna escravo de todas as suas atividades inconscientes, que o hipnotizador dirige segundo sua vontade. A personalidade consciente desaparece, a vontade e o discernimento são abolidos. Sentimentos e pensamentos são então orientados na direção determinada pelo hipnotizador.

Esse é aproximadamente o estado do indivíduo que faz parte de uma multidão. Ele já não tem consciência de seus atos. Nele, como no hipnotizado, enquanto certas faculdades são destruídas, outras podem ser levadas a um grau de extrema exaltação. A influência de uma sugestão o lançará com irresistível impetuosidade para a realização de certos atos. Impetuosidade ainda mais irresistível nas multidões do que no sujeito hipnotizado, pois a sugestão, sendo a mesma para todos os indivíduos, aumenta ao se tornar recíproca. As unidades de uma multidão que poderiam possuir uma personalidade bastante forte para resistir à sugestão são em número muito pequeno e a corrente as arrasta. Quando muito poderão tentar uma diversão por meio de uma sugestão diferente. Uma palavra feliz, uma imagem evocada oportunamente muitas vezes desviaram as multidões dos atos mais sanguinários.

Portanto, desaparecimento da personalidade consciente, predomínio da personalidade inconsciente, orientação por meio de sugestão e de contágio dos sentimentos e das idéias num mesmo sentido, tendência a transformar imediatamente em ato as idéias sugeridas são as principais características do indivíduo na multidão. Ele já não é ele mesmo, é um autômato cuja vontade tornou-se impotente.

Pelo simples fato de fazer parte de uma multidão, o homem desce portanto vários graus na escala da civilização. Isolado era talvez um indivíduo culto, na multidão é um instintivo, conseqüentemente um bárbaro. Possui a espontaneidade, a violência, a ferocidade e também os entusiasmos e os heroísmos dos seres primitivos. Aproxima-se deles também por sua facilidade em se deixar impressionar por palavras, imagens e conduzir a atos que lesam seus mais evidentes interesses. O indivíduo na multidão é um grão de areia no meio de outros grãos de areia que o vento agita a seu bel-prazer.

E é assim que vemos júris dar veredictos que os jurados desaprovariam individualmente, assembléias parlamentares adotar leis e medidas que cada um dos membros que as compõem reprovaria em particular. Considerados separadamente, os homens da Convenção eram burgueses, de hábitos pacíficos. Reunidos em multidão, não hesitaram, sob a influência de alguns líderes, em enviar à guilhotina os indivíduos mais manifestamente inocentes; e contrariamente a todos os seus interesses, renunciaram à sua imunidade e dizimaram-se a si próprios.

Não é somente pelos atos que o indivíduo na multidão difere de seu eu normal. Antes mesmo de ter perdido toda independência, suas idéias e seus sentimentos se transformaram a ponto de poder converter o avaro em pródigo, o cético em crente, o homem honesto em criminoso, o covarde em herói. A renúncia a todos os seus privilégios, votada pela nobreza num momento de entusiasmo durante a famosa noite de 4 de agosto de 1789, certamente jamais teria sido aceita por qualquer um de seus membros tomados isoladamente.

Concluamos das observações precedentes que a multidão é sempre intelectualmente inferior ao homem isolado. Mas, do ponto de vista dos sentimentos e dos atos que esses sentimentos provocam, ela pode, conforme as circunstâncias, ser melhor ou pior. Tudo depende do modo pelo qual é sugestionada. Foi o que ignoraram os escritores que estudaram as multidões somente do ponto de vista criminal. Criminosas as multidões freqüentemente são, certo, mas freqüentemente também heróicas. São facilmente levadas a deixar-se morrer pelo triunfo de uma crença ou de uma idéia, são estimuladas pela glória e pela honra, são arrastadas quase sem pão e sem armas, como durante as Cruzadas, para libertar do infiel o sepulcro de um Deus ou, como em 1793, para defender o solo da pátria. Heroísmos evidentemente um pouco inconscientes, mas é por meio de tais heroísmos que a história se constrói. Se fosse preciso lançar no ativo dos povos somente as grandes ações friamente raciocinadas, os anais do mundo registrariam muito poucas.

CAPÍTULO II

SENTIMENTOS E MORALIDADE DAS MULTIDÕES

Após ter indicado de modo muito geral as principais características das multidões, vamos agora estudá-las detalhadamente.

Muitas características específicas das multidões, tais como a impulsividade, a irritabilidade, a incapacidade de raciocinar, a ausência de julgamento e de espírito crítico, o exagero dos sentimentos, e outras mais, são igualmente observáveis entre os seres que pertencem a formas inferiores de evolução, como o selvagem e a criança. Essa é uma analogia que indico apenas de passagem. Sua demonstração ultrapassaria o âmbito desta obra. Aliás, ela seria inútil para as pessoas a par da psicologia dos primitivos e convenceria mediocremente os que a ignoram.

Abordarei agora, sucessivamente, as diversas características fáceis de serem observadas na maioria das multidões.

1. Impulsividade, instabilidade e irritabilidade das multidões

A multidão, dissemos ao estudar suas características fundamentais, é conduzida quase exclusivamente pelo inconsciente. Seus atos estão muito mais sob a influência da medula espinhal do que sob a do cérebro. As ações realizadas podem ser perfeitas quanto a sua execução, mas, não sendo dirigidas pelo cérebro, o indivíduo age conforme as contingências da excitação. A multidão, joguete de todos os estímulos exteriores, reflete suas incessantes variações. Portanto, é escrava dos impulsos recebidos. O indivíduo isolado pode ser submetido aos mesmos excitantes que o homem na multidão; porém, como sua razão lhe mostra os inconvenientes de ceder a eles, não cede. Podemos definir fisiologicamente esse fenômeno dizendo que o indivíduo isolado possui a capacidade de dominar seus reflexos, enquanto a multidão está desprovida dela.

Os diversos impulsos aos quais as multidões obedecem poderão ser, conforme as incitações, generosos ou cruéis, heróicos ou pusilânimes, mas sempre serão tão imperiosos que o interesse da própria conservação desaparecerá diante deles.

Sendo diversos os excitantes suscetíveis de sugestionar as multidões, que sempre a eles obedecem, elas são extremamente instáveis. Em um segundo passam da ferocidade mais sanguinária à generosidade ou ao heroísmo mais absoluto. A multidão é facilmente carrasco, mas não menos facilmente mártir. Foi de seu seio que correram as torrentes de sangue exigidas para o triunfo de cada crença. Inútil remontar aos tempos heróicos para ver do que são capazes. Elas nunca barganham a vida em um motim, e faz poucos anos que um general, de súbito tornado popular, teria encontrado facilmente cem mil homens prontos a morrer por sua causa.

Logo, nada nas multidões pode ser premeditado. São capazes de percorrer sucessivamente a gama de sentimentos os mais contrários, sob a influência das excitações do momento. Assemelham-se às folhas que o furacão levanta e dispersa em todas as direções, e que depois caem. O estudo de algumas multidões revolucionárias nos fornecerá alguns exemplos da variabilidade de seus sentimentos.

Essa mobilidade das multidões as torna muito difíceis de governar, sobretudo quando uma parte dos poderes públicos caiu em suas mãos. Se as necessidades da vida cotidiana não constituíssem uma espécie de regulador invisível dos acontecimentos, as democracias não poderiam subsistir. Mas as multidões que querem as coisas freneticamente, não as querem por muito tempo. São tão incapazes de uma vontade durável quanto de pensamento.

A multidão não é somente impulsiva e instável. Como o selvagem, não admite obstáculo entre seu desejo e a realização desse desejo, ainda mais que o número lhe proporciona uma sensação de poder irresistível. Para o indivíduo na multidão, a noção de impossibilidade desaparece. O homem isolado reconhece que sozinho não pode incendiar um palácio, pilhar uma loja; portanto, essa tentação não se lhe apresenta ao espírito. Ao fazer parte de uma multidão, toma consciência do poder que o número lhe confere e, diante da primeira sugestão de assassinato e pilhagem, cederá imediatamente. Qualquer obstáculo inesperado será freneticamente rompido. Se o organismo humano permitisse a perpetuidade do furor, poder-se-ia dizer que o estado normal da multidão contrariada é o furor.

As características fundamentais da raça sempre intervêm na irritabilidade das multidões, na sua impulsividade e instabilidade, assim como em todos os sentimentos populares que estudaremos. Constituem o solo invariável sobre o qual nossos sentimentos germinam. As multidões são decerto irritáveis e impulsivas, mas com grandes variações de grau. A diferença entre uma multidão latina e uma multidão anglo-saxônica é, por exemplo, surpreendente. Os recentes fatos de nossa história projetam uma viva luz sobre esse aspecto. Em 1870, a publicação de um simples telegrama relatando um suposto insulto bastou para determinar uma explosão de furor da qual surgiu imediatamente uma terrível guerra. Alguns anos mais tarde, o anúncio telegráfico de um insignificante fracasso em Langson provocou uma nova explosão que acarretou a queda instantânea do governo. No mesmo momento, o fracasso muito mais grave de uma expedição inglesa em Cartum produziu na Inglaterra apenas uma ligeira comoção e nenhum ministro foi deposto. Em toda parte as multidões são femininas, mas as mais femininas de todas são as multidões latinas. Quem nelas se apóia pode subir muito alto e muito rápido, mas ladeando incessantemente a rocha Tarpéia e com a certeza de um dia dela ser precipitado.

2. Sugestionabilidade e credulidade das multidões

Dissemos que uma das características gerais das multidões é uma sugestionabilidade excessiva e mostramos quão contagiosa é uma sugestão, em toda aglomeração humana. Isso explica a rápida orientação dos sentimentos num determinado sentido.

Por mais neutra que a suponhamos, a multidão encontra-se geralmente em um estado de atenção expectante favorável à sugestão. A primeira sugestão formulada se impõe imediatamente por contágio a todos os cérebros e logo estabelece a orientação. Nos seres sugestionáveis, a idéia fixa tende a se transformar em ato. Quer se trate de incendiar um palácio ou de realizar uma obra de devoção, a multidão a isso se presta com a mesma facilidade. Tudo dependerá da natureza do excitante e não mais, como no caso do indivíduo isolado, das relações existentes entre o ato sugerido e a soma de razões que possam se opor à sua realização.

Vagando constantemente nos limites da inconsciência, submetida a todas as sugestões, incitada pela violência de sentimentos próprios aos seres que não podem apelar a influências racionais, desprovida de espírito crítico, a multidão não pode senão mostrar-se de uma credulidade excessiva. O improvável não existe para ela, e é preciso recordá-lo para compreender a facilidade com que se criam e propagam as lendas e narrativas mais extravagantes[1].

A criação das lendas que circulam tão facilmente entre as multidões não é somente o resultado de uma credulidade completa, mas também das prodigiosas deformações que os acontecimentos sofrem na imaginação de indivíduos reunidos. O mais simples acontecimento visto pela multidão rapidamente se converte num acontecimento desfigurado. Ela pensa por imagens, e a imagem

---

1. As pessoas que assistiram ao cerco de Paris viram numerosos exemplos dessa credulidade das multidões em coisas absolutamente inverossímeis. Uma vela acesa no andar superior de uma casa era logo considerada um sinal feito aos invasores. Entretanto, dois segundos de reflexão lhes teriam provado que seria absolutamente impossível perceber a muitas léguas de distância a luz daquela vela.

evocada, por sua vez, evoca uma série de outras sem qualquer ligação lógica com a primeira. É fácil conceber esse estado se pensarmos nas estranhas sucessões de idéias a que nos conduz às vezes a evocação de um fato qualquer. A razão mostra a incoerência de tais imagens, mas a multidão não a vê; e aquilo que sua imaginação deformante acrescenta ao acontecimento ela confundirá com o acontecimento. Incapaz de separar o subjetivo do objetivo, admite como reais as imagens evocadas em seu espírito, que geralmente possuem apenas um longínquo parentesco com o fato observado.

As deformações que uma multidão inflige a um acontecimento qualquer de que foi testemunha deveriam, ao que parece, ser inumeráveis e de sentidos diversos, visto que os homens que a compõem possuem temperamentos muito variados. Mas não é o que acontece. Em conseqüência do contágio, as deformações são de mesma natureza e têm o mesmo sentido para todos os indivíduos da coletividade. A primeira deformação percebida por um deles forma o núcleo da sugestão contagiosa. Antes de aparecer para todos os cruzados sobre os muros de Jerusalém, são Jorge certamente foi visto apenas por um dos presentes. Por via de sugestão e de contágio o milagre assinalado foi imediatamente aceito por todos.

Tal é o mecanismo dessas alucinações coletivas tão freqüentes na história que parecem ter todas as características clássicas da autenticidade, já que se trata de fenômenos constatados por milhares de pessoas.

A qualidade mental dos indivíduos de que a multidão se compõe não contradiz esse princípio. Essa qualidade não importa. A partir do momento em que formem uma multidão, o ignorante e o sábio tornam-se igualmente incapazes de observação.

A tese pode parecer paradoxal. Para demonstrá-la seria preciso retomar numerosos fatos históricos e muitos volumes não bastariam.

Todavia, não querendo deixar no leitor a impressão de asserções sem provas, dar-lhe-ei alguns exemplos escolhidos ao acaso entre todos os que poderiam ser citados.

O seguinte fato é um dos mais típicos porque foi escolhido entre alucinações coletivas de uma multidão composta por indivíduos de todo tipo, ignorantes e instruídos. Foi relatado incidentalmente pelo capitão-tenente da marinha Julien Félix em seu livro sobre as correntes marítimas.

A fragata *La Belle-Poule* cruzava o mar em busca da corveta *Le Berceau,* da qual tinha sido separada por uma violenta tempestade. Estavam em pleno dia e o sol brilhava. De repente, o vigia apontou uma embarcação avariada. A tripulação dirigiu o olhar para o ponto indicado e todos, oficiais e marujos, viram nitidamente uma balsa carregada de homens, rebocada por embarcações sobre as quais flutuavam sinais de socorro. O almirante Desfossés mandou que se preparasse uma embarcação para acudir em socorro dos náufragos. Enquanto se aproximavam, os marujos e os oficiais que a ocupavam viam "massas de homens se agitar, estender as mãos, e escutavam o barulho surdo e confuso de um grande número de vozes". Ao chegarem na suposta balsa, deram simplesmente com alguns ramos de árvore cobertos de folhas desprendidos da costa vizinha. Diante de uma evidência tão palpável, a alucinação se dissipou.

Esse exemplo revela muito claramente o mecanismo da alucinação coletiva tal como o explicamos. De um lado, multidão em estado de atenção expectante; de outro, sugestão operada pelo vigia ao apontar um navio avariado no mar, sugestão aceita mediante contágio por todos os presentes, oficiais ou marujos.

Uma multidão não precisa ser numerosa para que sua faculdade de ver corretamente seja destruída e os fatos reais substituídos por alucinações que nada têm a ver com eles. Alguns indivíduos reunidos constituem uma multidão, e mesmo que fossem sábios renomados, revestem-se de todas as características das multidões no tocante a temas fora de sua especialidade. A faculdade de observação e o espírito crítico que cada um deles possui desaparecem.

Um engenhoso psicólogo, o sr. Davey, apresenta-nos um exemplo muito curioso disso, relatado nos *Annales des Sciences psychiques*, que merece ser exposto aqui. Tendo convocado uma reunião com renomados observadores, entre os quais o sr. Wallace, um dos maiores sábios da Inglaterra, Davey executou diante deles, após tê-los deixado examinar os objetos e colocar lacres onde quisessem, todos os clássicos fenômenos dos espíritas: materialização dos espíritos, escrita em lousa etc. Tendo em seguida obtido desses ilustres espectadores relatórios escritos afirmando que os fenômenos observados só poderiam ter sido obtidos por meios sobrenaturais, revelou-lhes que eram o resultado de fraudes muito simples. "O mais espantoso da investigação do sr. Davey", escreve o autor do relato, "não é o prodígio dos truques em si mesmos, mas a extrema pobreza dos relatos que deles fizeram as testemunhas não iniciadas. Portanto", diz ele, "as testemunhas podem fazer numerosos relatos positivos completamente errôneos, mas cujo resultado é que, *se suas descrições forem aceitas como exatas*, os fenômenos descritos são inexplicáveis pela fraude. Os métodos inventados pelo sr. Davey eram tão simples que espanta ter tido ele a ousadia de empregá-los; mas tinha tanto poder sobre o espírito da multidão que podia persuadi-la de que via o que não via." Trata-se sempre do poder do hipnotizador sobre o hipnotizado. Mas quando o vemos se exercer sobre espíritos superiores, previamente alertados, percebemos com que facilidade as multidões ordinárias se iludem.

São inúmeros os exemplos análogos. Há alguns anos, os jornais publicaram a história de duas meninas afogadas retiradas do Sena. Essas crianças foram primeiro reconhecidas do modo mais categórico por uma dúzia de testemunhas. Diante das afirmações tão concordantes nenhuma dúvida restou no espírito do juiz de instrução, que permitiu emitir o atestado de óbito. Contudo, no momento em que se ia proceder ao sepultamento, quis o acaso que se descobrisse que as supostas vítimas estavam perfeitamente vivas e assemelhavam-se, aliás, muito pouco às pequenas afogadas. Como em muitos dos exemplos anteriormente citados, a afirmação da primeira testemunha, vítima de uma ilusão, fora suficiente para sugestionar todas as outras.

Em casos similares, o ponto de partida da sugestão é sempre a ilusão produzida em um indivíduo por meio de reminiscências mais ou menos vagas, seguida do contágio mediante afirmação dessa ilusão primitiva. Se o primeiro observador for muito impressionável, bastará que o cadáver que acredita reconhecer apresente – longe de qualquer semelhança real – alguma particularidade, uma cicatriz ou um detalhe de vestuário, capaz de evocar nele a lembrança de outra pessoa. Essa lembrança evocada torna-se então o núcleo de uma espécie de cristalização que invade o campo do entendimento, paralisando toda faculdade crítica. O que o observador vê, então, já não é o próprio objeto, mas a imagem evocada em seu espírito.

Assim se explicam os reconhecimentos errôneos de cadáveres de crianças pela própria mãe, tal como o caso seguinte, já antigo, em que se manifestam precisamente as duas ordens de sugestão cujo mecanismo acabo de indicar.

> A criança foi reconhecida por outra criança – que se enganou. A série de reconhecimentos inexatos desenrolou-se a partir daí.
>
> E viu-se uma coisa muito extraordinária. Um dia depois de um estudante ter reconhecido o cadáver, uma mulher gritou: "Ah! meu Deus, é meu filho."
>
> Levaram-na para ver o cadáver, ela examina seu estado, constata uma cicatriz na fronte. "É mesmo", diz ela, meu pobre filho, desaparecido desde julho último. Roubaram-no e mataram-no!"
>
> A mulher era zeladora na rue du Four e se chamava Chavandret. Mandaram vir seu cunhado que, sem hesitar, disse: "É o pequeno Philibert." Muitos moradores da rua reconheceram no cadáver Philibert Chavandret, inclusive seu próprio professor, para quem a medalha era um indício.
>
> Pois bem! Os vizinhos, o cunhado, o professor e a mãe estavam enganados. Seis semanas depois, a identidade da criança foi determinada. Era uma criança de Bordeaux, morta em Bordeaux, e levada a Paris por um serviço do correio.[2]

Notemos que esses reconhecimentos são geralmente feitos por mulheres e crianças, isto é, exatamente pelos seres mais impressionáveis. Mostram o valor que podem ter na justiça tais testemunhos. As afirmações das crianças, notadamente, nunca deveriam ser solicitadas. Os magistrados repetem, como um lugar-comum, que nessa idade não se mente. Uma cultura psicológica um pouco menos sumária lhes ensinaria, ao contrário, que

---

2. *Éclair* de 21 de abril de 1895.

nessa idade se mente quase sempre. A mentira é sem dúvida inocente, mas não deixa de ser uma mentira. Melhor seria decidir na cara ou coroa a condenação de um acusado do que, como tantas vezes se fez, segundo o testemunho de uma criança.

Retornando às observações feitas pelas multidões, concluiremos que as observações coletivas são as mais equivocadas de todas e são geralmente a mera ilusão de um indivíduo que, mediante contágio, sugestionou os outros.

Inumeráveis fatos demonstram a total desconfiança que é preciso ter em relação ao testemunho das multidões. Milhares de homens assistiram ao célebre ataque de cavalaria da batalha de Sedan e entretanto é impossível saber, já que os testemunhos visuais são os mais contraditórios, quem o comandou. Num livro recente, o general inglês Wolseley demonstrou que até agora os mais graves erros haviam sido cometidos a respeito dos fatos mais importantes da batalha de Waterloo, fatos atestados, todavia, por centenas de testemunhas[3].

Todos esses exemplos mostram, repito, o valor que pode ter o testemunho das multidões. Os tratados de ló-

---

3. Sabemos, de uma única batalha, exatamente como ocorreu? Duvido muito. Sabemos quem foram os vencedores e os vencidos, provavelmente nada mais. O que o sr. de Harcourt, protagonista e testemunha, relata sobre a batalha de Solferino pode se aplicar a todas as batalhas: "Os generais (naturalmente informados por centenas de testemunhos) transmitem seus relatórios oficiais; os oficiais encarregados de dar as ordens modificam esses documentos e redigem o plano definitivo; o chefe do estado-maior contesta-o e o refaz inteiramente. Ele é levado ao marechal, que exclama: 'Vocês estão completamente enganados!' e o substitui por outra redação. Não resta quase nada do relatório primitivo." O sr. de Harcourt relata esse fato como prova da impossibilidade de estabelecer a verdade sobre o acontecimento mais surpreendente, mais bem observado.

gica incluem a unanimidade de várias testemunhas na categoria das provas mais demonstrativas da exatidão de um fato. Porém, o que sabemos sobre a psicologia das multidões mostra o quanto se iludem a esse respeito. Os acontecimentos mais duvidosos são certamente os que foram observados pelo maior número de pessoas. Dizer que um fato foi constatado simultaneamente por milhares de testemunhas é dizer que o fato real é geralmente muito diferente do relato adotado.

Decorre claramente do que precede que devemos considerar os livros de história obras da pura imaginação. São relatos fantasiosos de fatos mal observados, acompanhados de explicações forjadas posteriormente. Se o passado não houvesse nos legado suas obras literárias, artísticas e monumentais, não conheceríamos nada de real sobre ele. Sabemos uma única palavra verdadeira sobre a vida dos grandes homens que desempenharam papéis preponderantes na humanidade, tais como Hércules, Buda, Jesus ou Maomé? Muito provavelmente não. Aliás, no fundo, sua verdadeira vida pouco nos importa. Os seres que impressionaram as multidões foram heróis legendários e não heróis reais.

Infelizmente as próprias lendas não possuem qualquer consistência. A imaginação das multidões as transforma incessantemente conforme os tempos e sobretudo as raças. Do Jeová sanguinário da Bíblia ao Deus de amor de santa Teresa há muita distância, e o Buda adorado na China já não tem nenhum traço em comum com o venerado na Índia.

Nem mesmo a passagem dos séculos é necessária para que a lenda dos heróis seja transformada pela imaginação das multidões. Às vezes a transformação se dá em alguns anos. Vimos em nossos dias a lenda de um dos maiores heróis históricos se modificar diversas vezes em menos de cinqüenta anos. Sob os Bourbons, Napoleão tornou-se uma espécie de personagem idílico, filantropo e liberal, amigo dos humildes, que, no dizer dos poetas, deviam conservar sua imagem em suas choupanas por muito tempo. Trinta anos depois, o herói paternal tinha se tornado um déspota sanguinário, usurpador do poder e da liberdade, que sacrificou por ambição três milhões de homens. Atualmente, a lenda continua se transformando. Quando algumas dezenas de séculos tiverem passado, os sábios do futuro, diante desses relatos contraditórios, talvez duvidem da existência do herói, como duvidamos às vezes de Buda, e verão nele tão-só algum mito solar ou uma variante da lenda de Hércules. Decerto se consolarão facilmente dessa incerteza, pois, mais iniciados do que hoje na psicologia das multidões, compreenderão que a história pode eternizar apenas mitos.

3. Exagero e simplismo dos sentimentos das multidões

Os sentimentos, bons ou maus, manifestados pela multidão, apresentam a dupla característica de serem muito simples e muito exagerados. Sob esse aspecto, como sob tantos outros, o indivíduo em multidão aproxima-se dos seres primitivos. Insensível às nuances, vê todas as coisas em bloco e não conhece as transições. Na multidão, o exagero de um sentimento é fortalecido pelo fato de que, propagando-se muito rapidamente mediante sugestão e contágio, a aprovação de que se torna objeto aumenta sua força consideravelmente.

A simplicidade e o exagero dos sentimentos das multidões preservam-nas da dúvida e da incerteza. Como as mulheres, as multidões vão direto para os extremos. A suspeita enunciada logo se transforma em evidência indiscutível. Uma ponta de antipatia ou desaprovação que, no indivíduo isolado, permaneceria pouco acentuada, logo se torna um ódio feroz no indivíduo em multidão.

A violência dos sentimentos das multidões aumenta ainda mais, sobretudo nas multidões heterogêneas, devido à ausência de responsabilidade. A certeza de impunidade, tanto mais forte quanto mais numerosa for a multidão, e a noção de um poder momentâneo considerável devido ao número tornam possíveis para a coletividade sentimentos e atos impossíveis para o indivíduo isolado. Nas multidões, o imbecil, o ignorante e o invejoso se liberam de seu sentimento de nulidade e de impotência, substituído pela noção de uma força brutal, passageira, mas imensa.

Infelizmente, o exagero nas multidões refere-se com freqüência a maus sentimentos, relíquia atávica dos instintos do homem primitivo, que o temor do castigo obriga o indivíduo isolado e responsável a refrear. Assim se explica a facilidade com que as multidões se entregam aos piores excessos.

Habilmente sugestionadas, as multidões tornam-se capazes de heroísmo e de sacrifício. São muito mais capazes disso do que o indivíduo isolado. Em breve retornaremos a esse ponto ao estudar a moralidade das multidões.

Sendo a multidão impressionável apenas por sentimentos excessivos, o orador que quiser seduzi-la deverá abusar das afirmações violentas. Exagerar, afirmar, repetir e nunca tentar demonstrar qualquer coisa por meio de um raciocínio são os procedimentos de argumentação familiares aos oradores das reuniões populares.

A multidão também demanda o mesmo exagero nos sentimentos de seus heróis. Suas qualidades e suas virtudes aparentes devem sempre ser aumentadas. No teatro, a multidão exige do herói da peça virtudes, uma coragem, uma moralidade que nunca são praticadas na vida.

Falou-se com razão da ótica específica do teatro. Existe uma, sem dúvida, mas suas regras geralmente não têm parentesco com o bom senso e a lógica. A arte de falar às multidões é de ordem inferior, mas exige aptidões muito especiais. Às vezes, ao lê-las, não se entende o motivo do sucesso de algumas peças. Ao recebê-las, os diretores dos teatros geralmente ficam muito inseguros quanto a seu sucesso pois, para julgar, teriam de se transformar em multidão[4]. Se pudéssemos desenvolver esse tema, seria fácil também mostrar a influência preponderante da raça. A peça de teatro que entusiasma a multidão em um país às vezes não alcança nenhum sucesso em outro, ou obtém apenas um sucesso formal, porque não coloca em jogo forças capazes de mobilizar seu novo público.

Inútil acrescentar que o exagero das multidões refere-se apenas aos sentimentos e de modo algum à inteligência. Como já mostrei, pelo simples fato de o indivíduo estar na multidão, seu nível intelectual diminui consideravelmente. O sr. Tarde também constatou isso

---

4. É o que possibilita compreender por que algumas peças recusadas por todos os diretores de teatro obtêm prodigioso sucesso quando, por acaso, são representadas. É conhecido o sucesso da peça do sr. COPPÉE, *Pour la couronne* [Para a coroa], rejeitada durante dez anos pelos diretores dos principais teatros, apesar do nome de seu autor. *Charley's aunt* [*A tia de Carlito*], montada a expensas de um agente de câmbio, após sucessivas recusas, atingiu o número de duzentas apresentações na França e mais de mil na Inglaterra. Sem a explicação dada acima sobre a impossibilidade de os diretores de teatro se colocarem mentalmente no lugar das multidões seriam incompreensíveis tais aberrações de julgamento por parte de indivíduos competentes e extremamente interessados em não cometer tão graves erros.

ao realizar suas pesquisas sobre os crimes das multidões. Portanto, é exclusivamente no plano sentimental que as multidões podem subir muito alto ou, ao contrário, descer.

4. Intolerância, autoritarismo e conservadorismo das multidões

Como as multidões só conhecem os sentimentos simples e extremos, as opiniões, idéias e crenças que lhes são sugeridas são aceitas ou rejeitadas em bloco e consideradas como verdades absolutas ou erros não menos absolutos. É o que sempre ocorre com crenças determinadas mediante sugestão, que não foram engendradas mediante raciocínio. Todos sabem quão intolerantes são as crenças religiosas e que império despótico exercem sobre as almas.

Sem qualquer dúvida sobre o que acredita ser verdadeiro ou falso e possuindo, por outro lado, a clara noção de sua força, a multidão é tão autoritária quanto intolerante. O indivíduo pode aceitar a contradição e a discussão, a multidão nunca as suporta. Nas reuniões públicas, a mais ligeira contradição de um orador é imediatamente recebida com gritos de furor e violentas invectivas, logo seguidas de vias de fato e expulsão, desde que o orador insista. Sem a inquietante presença dos agentes da autoridade, muitas vezes o contraditor seria até mesmo linchado.

O autoritarismo e a intolerância geralmente estão presentes em todas as categorias de multidão, mas em graus muito variados; e aqui reaparece a fundamental noção de raça, dominadora dos sentimentos e pensamentos dos homens. O autoritarismo e a intolerância estão desenvolvidos sobretudo nas multidões latinas, a ponto de terem destruído o sentimento de independência individual, tão forte no anglo-saxão. As multidões latinas são sensíveis apenas à independência coletiva de sua seita, e a característica dessa independência é a necessidade de submeter, imediata e violentamente, todos os dissidentes a suas crenças. Entre os povos latinos, os jacobinos de todas as épocas, desde os da Inquisição, jamais puderam atingir outra concepção da liberdade.

O autoritarismo e a intolerância constituem para as multidões sentimentos muito claros, que elas suportam tão facilmente quanto os praticam. Respeitam a força e são mediocremente impressionáveis pela bondade, facilmente considerada como uma forma de fraqueza. Suas simpatias jamais se voltaram para os mestres indulgentes, mas sim para os tiranos que as dominaram vigorosamente. É sempre a eles que erguem as mais altas estátuas. O déspota deposto só é espezinhado com gosto porque, tendo perdido a força, entra na categoria dos fracos desprezados e não temidos. O tipo de herói caro para as multidões sempre terá a estrutura de um César. Sua pompa as seduz, sua autoridade inspira respeito e seu sabre as amedronta.

Sempre pronta a se sublevar contra uma autoridade fraca, a multidão se curva servilmente perante uma autoridade forte. Se a ação da autoridade é intermitente, a multidão, sempre obediente a seus sentimentos extremos, passa sucessivamente da anarquia à servidão e da servidão à anarquia.

Aliás, seria desconhecer a psicologia das multidões acreditar que nelas predominam os instintos revolucionários. São somente suas violências que nos iludem a esse respeito. As explosões de revolta e de destruição são sempre muito efêmeras. São regidas demais pelo inconsciente e, por conseguinte, submetidas demais à influência de hereditariedades seculares para não se mostrarem extremamente conservadoras. Abandonadas a si mesmas, vemo-las, logo cansadas de suas desordens, dirigirem-se instintivamente para a servidão. Os jacobinos mais orgulhosos e mais intratáveis aclamaram energicamente Bonaparte quando ele suprimiu todas as liberdades e fez sentir duramente sua mão de ferro.

A história das revoluções populares é quase incompreensível se desconhecermos os instintos profundamente conservadores das multidões. Querem por certo modificar os nomes de suas instituições e às vezes fazem até mesmo violentas revoluções para obter essas mudanças; mas a base dessas instituições exprime de tal modo as necessidades hereditárias da raça que as multidões sempre retornam a elas. Sua incessante mobilidade refere-se apenas às coisas superficiais. Na realidade, possuem instintos conservadores irredutíveis e, como todos os primitivos, um respeito fetichista das tradições, um horror inconsciente às novidades capazes de modificar suas reais condições de existência. Se o atual poder das democracias tivesse existido na época em que foram inventados os ofícios mecânicos, o vapor e as estradas de ferro, a realização dessas invenções teria sido impossível ou somente ao preço de reiteradas revoluções. Felizmente para o progresso da civilização, a supremacia das multidões surgiu apenas quando as grandes descobertas da ciência e da indústria já haviam sido realizadas.

5. Moralidade das multidões

Se atribuímos à palavra moralidade o sentido de respeito constante de certas convenções sociais e de repressão permanente dos impulsos egoístas, é evidente que as multidões são impulsivas e instáveis demais para serem capazes de moralidade. Contudo, se incluirmos nesse termo o aparecimento momentâneo de certas qualidades tais como a abnegação, a dedicação, o desinteresse, o sacrifício de si mesmo, a necessidade de eqüidade, podemos dizer que as multidões são, ao contrário, capazes às vezes de uma moralidade muito elevada.

Os raros psicólogos que as estudaram fizeram-no somente do ponto de vista de seus atos criminosos; e vendo esses atos com freqüência, atribuíram às multidões um nível moral muito baixo.

Não há dúvida de que elas o demonstram amiúde; mas, por quê? Simplesmente porque os instintos de ferocidade destrutiva são resíduos dos tempos primitivos dormentes no fundo de cada um de nós. Para o indivíduo isolado seria perigoso satisfazê-los, ao passo que sua absorção numa multidão irresponsável, em que, por conseguinte, sua impunidade está assegurada, lhe dá plena liberdade para segui-los. Não podendo habitualmente exercer esses instintos destrutivos sobre nossos semelhantes, limitamo-nos a satisfazê-los nos animais. É de uma mesma fonte que derivam a paixão pela caça e a ferocidade das multidões. A multidão que retalha lentamente uma vítima indefesa demonstra uma crueldade muito covarde, que no entanto tem para o filósofo um parentesco muito próximo com a dos caçadores que se reúnem às dúzias para ter o prazer de assistir à dilaceração de um infeliz cervo pelos seus cães.

Se a multidão é capaz de assassinar, incendiar e de praticar toda espécie de crimes, também o é de atos de sacrifício e de desinteresse muito mais elevados que aqueles de que é capaz o indivíduo isolado. É sobretudo sobre o indivíduo em multidão que se age quando se invocam sentimentos de glória, honra, religião e patriotismo. A história está cheia de exemplos análogos aos dos cruzados e dos voluntários de 1793. Somente as coletividades são capazes de grandes sacrifícios e grande abnegação. Quantas multidões fizeram-se massacrar heroicamente por crenças e idéias que mal compreendiam! As multidões que fazem greves fazem-nas bem mais para obedecer a uma palavra de ordem do que para obter um aumento salarial. O interesse pessoal raramente constitui um móvel poderoso para as multidões, ao passo que é o móvel quase exclusivo do indivíduo isolado. Certamente não foi ele que guiou as multidões em tantas guerras, quase sempre incompreensíveis para sua inteligência, nas quais se deixaram massacrar tão facilmente quanto as calhandras hipnotizadas pelo espelho do caçador.

Até os maiores canalhas, pelo simples fato de estarem reunidos em multidão, às vezes adquirem princípios de moralidade muito estritos. Taine relata que os assassinos dos massacres de setembro vinham colocar sobre a mesa dos comitês as carteiras e as jóias encontradas nas suas vítimas, tão fáceis de roubar. A multidão vociferante, agitada e miserável que invadiu as Tuileries durante a Revolução de 1848 não se apoderou de nenhum dos objetos que a deslumbraram, embora a posse de um só deles significasse pão por muitos dias.

Essa moralização do indivíduo pela multidão não é decerto uma regra constante, mas é observável amiúde e mesmo em circunstâncias bem menos graves do que as que acabei de citar. No teatro, já disse, a multidão exige virtudes exageradas do herói da peça, e uma platéia, mesmo composta por elementos inferiores, mostra-se às vezes muito puritana. O boêmio profissional, o proxeneta, o crápula debochador murmuram com freqüência diante de uma cena mais ousada ou uma frase leviana, ainda que sejam totalmente anódinas perto de suas conversas habituais.

Portanto, as multidões entregues amiúde aos baixos instintos, também dão às vezes o exemplo de atos de elevada moralidade. Se a abnegação, a resignação, a dedicação absoluta a um ideal quimérico ou real são virtudes morais, pode-se dizer que as multidões possuem às vezes essas virtudes em um grau que os mais sábios filósofos raramente atingiram. Praticam-nas sem dúvida inconscientemente, mas pouco importa. Se as multidões tivessem raciocinado amiúde e consultado seus interesses imediatos, talvez nenhuma civilização teria se desenvolvido sobre o nosso planeta e a humanidade não teria história.

CAPÍTULO III

IDÉIAS, RACIOCÍNIOS E IMAGINAÇÃO DAS MULTIDÕES

1. As idéias das multidões

Ao estudar numa obra anterior o papel das idéias na evolução dos povos, demonstramos que cada civilização deriva de um pequeno número de idéias fundamentais raramente renovadas. Expusemos como essas idéias se estabelecem na alma das multidões; com que dificuldade aí penetram e o poder que possuem após terem nela penetrado. Mostramos igualmente que as grandes convulsões históricas derivam geralmente das mudanças dessas idéias fundamentais.

Tendo discutido esse tema suficientemente não voltarei a ele e me limitarei a dizer algumas palavras sobre as idéias acessíveis às multidões e de que formas estas as concebem.

Pode-se dividi-las em duas classes. Numa colocaremos as idéias acidentais e passageiras criadas sob influências do momento: a paixão por um indivíduo ou por uma doutrina, por exemplo. Na outra, as idéias fundamentais às quais o meio, a hereditariedade e a opinião dão uma grande estabilidade, como antes ocorria com as idéias religiosas e hoje com as idéias democráticas e sociais.

As idéias fundamentais poderiam ser representadas pelo volume das águas de um rio que desce lentamente seu curso; as idéias passageiras, pelas marolas sempre inconstantes que agitam sua superfície e que, apesar de não terem importância real, são mais visíveis que o correr do próprio rio.

Nos dias atuais, as grandes idéias fundamentais de que nossos pais viveram parecem cada vez mais incertas e, com isso, as instituições que sobre elas repousavam viram-se profundamente abaladas. Atualmente, formam-se muitas das pequenas idéias transitórias de que falei acima, mas parece que poucas podem adquirir uma influência preponderante.

Quaisquer que sejam as idéias sugeridas às multidões, só podem se tornar dominantes na condição de adotarem uma forma muito simples e estarem representadas em seu espírito sob o aspecto de imagens. Como nenhum vínculo lógico de analogia ou de sucessão liga essas idéias-imagens entre si, uma pode substituir a outra como as lentes da lanterna mágica que o operador retira da caixa onde estavam superpostas. Portanto, nas multidões podemos ver sucederem-se as mais contraditórias das idéias. Conforme as contingências do momento, a multidão ficará sob a influência de alguma das diversas idéias armazenadas no seu entendimento e cometerá por conseguinte os atos mais dessemelhantes. Sua completa ausência de espírito crítico não lhe permite perceber as contradições.

Não se trata, aliás, de um fenômeno específico das multidões. Ocorre em muitos indivíduos isolados, não somente entre os seres primitivos, mas em todos os que, por um aspecto qualquer de seu espírito – os seguidores de uma fé religiosa intensa, por exemplo –, se aproximam dos primitivos. Eu o observei, por exemplo, entre os hindus cultos, educados em nossas universidades européias, nas quais obtiveram todos os diplomas. Sobre a base imutável de suas idéias religiosas ou sociais hereditárias tinha se sobreposto, sem alterá-las em absoluto, uma camada de idéias ocidentais sem parentesco com as primeiras. Conforme as contingências do momento, apareciam umas ou outras, com seu acompanhamento discursivo específico, e o mesmo indivíduo apresentava assim as contradições mais flagrantes. Contradições mais aparentes que reais, pois somente idéias hereditárias são suficientemente poderosas no indivíduo isolado para se tornarem verdadeiros móveis de conduta. Somente quando, devido a cruzamentos, o homem se acha entre diferentes impulsos hereditários é que os atos podem ser de um momento ao outro completamente contraditórios. Inútil insistir aqui nesses fenômenos, embora sua importância psicológica seja capital. Considero serem precisos ao menos dez anos de viagens e observações para compreendê-los.

Como as idéias só são acessíveis às multidões depois de terem adotado uma forma muito simples, elas geralmente têm de sofrer as mais completas transformações para se tornarem populares. Quando se trata de idéias filosóficas ou científicas um pouco elevadas, pode-se constatar a profundidade das modificações que lhes são necessárias para descer de camada em camada até o nível das multidões. Essas modificações dependem sobretudo da raça à qual as multidões pertencem, mas são sempre redutoras e simplificadoras. Por isso, na verdade não há do ponto de vista social uma hierarquia de idéias, isto é, idéias mais elevadas ou menos elevadas. O fato de uma idéia chegar às multidões e comovê-las significa que está desprovida de quase tudo o que compunha sua elevação e grandeza.

Aliás, o valor hierárquico de uma idéia não tem importância. Somente devem ser considerados os efeitos que produz. As idéias cristãs da Idade Média, as idéias democráticas do último século, as idéias sociais de hoje certamente não são muito elevadas. Filosoficamente falando, podem ser consideradas erros deploráveis. Entretanto, seu papel foi e será imenso, e por muito tempo estarão incluídas entre os fatores mais essenciais da conduta dos Estados.

Mesmo tendo a idéia sofrido modificações que a tornam acessível às multidões, somente irá agir quando, por diversos procedimentos que serão estudados em outro lugar, penetrar no inconsciente e transmutar-se em sentimento. Essa transformação é geralmente muito longa.

De resto, não se deve acreditar que é por ter se mostrado acertada que uma idéia pode produzir seus efeitos, mesmo nos espíritos mais cultivados. Damo-nos conta disso vendo quão pouca influência tem a demonstração mais clara sobre a maioria dos homens. A evidência manifesta poderá ser reconhecida por um ouvinte instruído; mas sua inconsciência rapidamente o devolverá a suas concepções primitivas. Voltem a encontrá-lo ao cabo de alguns dias e ele lhes oferecerá de novo seus antigos argumentos, exatamente nos mesmos termos. Ele está, na verdade, sob a influência de idéias anteriores que se tornaram sentimentos; ora, são somente elas que agem sobre os móveis profundos de nossos atos e de nossos discursos.

Quando, mediante diversos procedimentos, uma idéia acaba por se incrustar na alma das multidões, adquire um poder irresistível e desencadeia uma série de conseqüências. As idéias filosóficas que culminaram na Revolução Francesa levaram muito tempo para se implantar na alma popular. Conhecemos a irresistível força que adquiriram quando ali se estabeleceram. O ímpeto de todo um povo para a conquista da igualdade social, para a realização de direitos abstratos e de liberdades ideais fez tremer todos os tronos e sacudiu profundamente o mundo ocidental. Durante vinte anos os povos se precipitaram uns contra os outros e a Europa vivenciou hecatombes comparáveis às de Gêngis Khan e de Tamerlão. Nunca apareceu de modo tão claro o que pode produzir o desencadeamento de idéias capazes de mudar a orientação dos sentimentos.

Se as idéias precisam de muito tempo para se estabelecer na alma das multidões, um tempo não menos considerável lhes é necessário para dela se retirar. Por isso, do ponto de vista das idéias, as multidões estão sempre várias gerações atrás dos sábios e dos filósofos. Todos os homens de Estado sabem hoje o que contêm de errôneo as idéias fundamentais que acabamos de mencionar, mas sendo sua influência ainda muito grande, são obrigados a governar segundo princípios em cuja verdade deixaram de acreditar.

2. Os raciocínios das multidões

Não se pode afirmar de modo absoluto que as multidões não possam ser influenciadas por raciocínios. Mas os argumentos que utilizam e os que agem sobre elas mostram-se de uma ordem tão inferior do ponto de vista lógico que somente por via de analogia podem ser qualificados de raciocínios.

Os raciocínios inferiores das multidões se baseiam, como os raciocínios elevados, em associações: mas as idéias associadas pelas multidões possuem entre si apenas aparentes ligações de semelhança ou de sucessão. Encadeiam-se à maneira das de um esquimó, o qual, sabendo por experiência que o gelo, corpo transparente, derrete na boca, conclui que o vidro, corpo igualmente transparente, também deve derreter na boca; ou à maneira das do selvagem, o qual imagina que ao comer o coração de um inimigo corajoso adquire sua bravura; ou ainda à maneira das do operário que, explorado por um patrão, conclui que todos os patrões são exploradores.

Associação de coisas dessemelhantes que possuem entre si apenas relações aparentes e generalização imediata de casos particulares, tais são as características da lógica coletiva. São associações dessa ordem que sempre apresentam às multidões os oradores que sabem manejá-las. Somente essas associações podem influenciá-las. Um encadeamento de raciocínios rigorosos seria totalmente incompreensível para as multidões; por isso é que se pode dizer que não raciocinam ou raciocinam mal, e que não podem ser influenciadas por um raciocínio. A pobreza de certos discursos que exerceram uma influência enorme sobre seus ouvintes por vezes impressiona quando os lemos; mas esquecemos que foram feitos para arrastar coletividades e não para serem lidos por filósofos. O orador, em íntima comunhão com a multidão, evoca as imagens que a seduzem. Se obtém sucesso, seu objetivo foi alcançado; e um volume de arengas não vale as poucas frases que conseguiram seduzir as almas que havia que convencer.

Inútil acrescentar que a incapacidade das multidões para raciocinar adequadamente priva-as de todo espírito crítico, isto é, da habilidade de discernir a verdade do erro, de formular um juízo preciso. Os juízos que aceitam são apenas juízos impostos, nunca juízos discutidos. Desse ponto de vista, são muitos os indivíduos que não se elevam acima das multidões. A facilidade com que se difundem certas opiniões liga-se sobretudo à impossibilidade da maioria dos homens de formar uma opinião pessoal baseada em seus próprios raciocínios.

3. A imaginação das multidões

A imaginação representativa das multidões, como a de todos os seres para os quais o raciocínio não intervém, pode ser profundamente impressionada. As imagens evocadas em seu espírito por um personagem, um acontecimento, um acidente possuem quase a vivacidade das coisas reais. As multidões são um pouco como o dormente, cuja razão momentaneamente suspensa deixa surgir no espírito imagens de uma extrema intensidade, mas que rapidamente se dissipariam em contato com a reflexão. As multidões, não sendo capazes de refletir nem de raciocinar, não conhecem o improvável: ora, as coisas mais improváveis são geralmente as que mais chamam a atenção.

Por isso é que são sempre os aspectos maravilhosos e lendários dos acontecimentos que mais chamam a atenção das multidões. Na verdade, o maravilhoso e o lendário são os verdadeiros suportes de uma civilização. Na história, a aparência sempre teve um papel muito mais importante que a realidade. Nela, o irreal predomina sobre o real.

Como as multidões só conseguem pensar por imagens, só se deixam impressionar por imagens. Somente estas últimas as aterrorizam ou seduzem e se tornam móveis de ação.

Por isso as representações teatrais, que apresentam a imagem na sua forma mais nítida, têm sempre enorme influência sobre as multidões. Pão e circo constituíam outrora o ideal de felicidade para a plebe romana. No correr dos tempos esse ideal pouco variou. Nada afeta tanto a imaginação popular como uma peça teatral. A sala toda experimenta simultaneamente as mesmas emoções, e se estas não se transformam imediatamente em atos é porque nem sequer o espectador mais inconsciente pode ignorar que é vítima de ilusões e que riu ou chorou diante de aventuras imaginárias. Entretanto, às vezes os sentimentos sugeridos pelas imagens são suficientemente fortes para tender, como as sugestões habituais, a se transformar em atos. É conhecida a história daquele teatro popular dramático obrigado a proteger na saída o ator que fazia o papel do vilão, para livrá-lo da violência dos espectadores indignados com seus crimes imaginários. Este é, acredito, um dos indícios mais notáveis do estado mental das multidões e sobretudo da facilidade com que são sugestionáveis. A seus olhos, o irreal possui quase tanta importância quanto o real. Têm uma evidente tendência a não diferenciá-los.

É na imaginação popular que o poder dos conquistadores e a força dos Estados se fundam. É agindo sobre ela que se arrastam as multidões. Todos os grandes fatos históricos, a criação do budismo, do cristianismo, do islamismo, a Reforma, a Revolução e, atualmente, a ameaçadora invasão do socialismo são conseqüências diretas ou longínquas de impressões fortes produzidas sobre a imaginação das multidões.

Por isso os grandes homens de Estado de todas as épocas e de todos os países, aí incluídos os mais absolutos déspotas, consideraram a imaginação popular o sustentáculo de seu poder. Nunca tentaram governar contra ela. "Tornando-me católico", dizia Napoleão ao Conselho de Estado, "pus fim à Guerra da Vendéia; tornando-me muçulmano me estabeleci no Egito; tornando-me ultramontano ganhei os padres na Itália. Se governasse um povo de judeus, restauraria o templo de Salomão." Talvez nunca, desde Alexandre e César, nenhum grande homem compreendeu melhor como se deve impressionar a imaginação das multidões. Sua preocupação constante foi afetá-la. Pensava nisso em suas vitórias, em suas arengas, em seus discursos, em todos os seus atos. Em seu leito de morte ainda pensava nisso.

Como impressionar a imaginação das multidões? Veremos adiante. Diga-se desde já que demonstrações destinadas a influenciar a inteligência e a razão seriam incapazes de atingir esse objetivo. Antônio não precisou de uma retórica erudita para incitar o povo contra os assassinos de César. Leu seu testamento e mostrou seu cadáver.

Tudo o que afeta a imaginação das multidões apresenta-se sob a forma de uma imagem comovente e clara, desprovida de interpretação acessória ou não tendo outro acompanhamento senão alguns fatos admiráveis: uma grande vitória, um grande milagre, um grande crime, uma grande esperança. É importante apresentar as coisas em bloco, sem jamais indicar sua gênese. Cem pequenos delitos ou cem pequenos acidentes não afetarão em nada a imaginação das multidões, ao passo que um único grande crime, uma única catástrofe as comoverão profundamente, mesmo com resultados infinitamente menos mortíferos que os cem pequenos acidentes juntos. A grande epidemia de gripe que matou em Paris 5 mil pessoas em algumas semanas comoveu pouco a imaginação popular. De fato, essa verdadeira hecatombe não se traduziu por qualquer imagem visível, apenas pelos dados estatísticos semanais. Um acidente que, em vez dessas 5 mil pessoas, tivesse matado somente quinhentas num mesmo dia em praça pública por meio de um acontecimento bem visível, a queda da torre Eiffel, por exemplo, teria produzido na imaginação uma forte impressão. O possível desaparecimento de um transatlântico que, por falta de notícias, se supunha ter afundado em pleno mar, comoveu profundamente a imaginação das multidões durante oito dias. Ora, as estatísticas oficiais mostram que no mesmo ano mil grandes embarcações desapareceram. Com essas sucessivas perdas, muito mais importantes em termos de destruição de vidas e de mercadorias, as multidões não se preocuparam um só instante.

Logo, não são os fatos em si que afetam a imaginação popular, mas o modo como se apresentam. Por condensação, se assim posso me exprimir, esses fatos devem produzir uma imagem impactante que preencha e atormente o espírito. Conhecer a arte de impressionar a imaginação das multidões é conhecer a arte de governá-las.

CAPÍTULO IV
FORMAS RELIGIOSAS DE QUE SE REVESTEM TODAS AS CONVICÇÕES DAS MULTIDÕES

Vimos que as multidões não raciocinam, que admitem ou rejeitam as idéias em bloco, não toleram nem discussão nem contradição e que as sugestões que sobre elas agem invadem inteiramente o campo de seu entendimento e tendem a se transformar imediatamente em atos. Mostramos que as multidões adequadamente sugestionadas estão prontas a se sacrificar pelo ideal que lhes foi sugerido. Vimos, finalmente, que só conhecem os sentimentos violentos e extremos. Nelas, a simpatia logo se torna adoração e, tão logo surge, a antipatia se transforma em ódio. Essas indicações gerais já permitem pressentir a natureza de suas convicções.

Examinando de perto as convicções das multidões, tanto em épocas de fé quanto nas grandes revoltas políticas (como as do último século), constata-se que sempre apresentam uma forma especial, que eu não poderia definir melhor do que lhe dando o nome de sentimento religioso.

Esse sentimento tem características muito simples: adoração de um ser supostamente superior, temor do poder a ele atribuído, submissão cega a suas ordens, impossibilidade de discutir seus dogmas, desejo de difundi-los, tendência a considerar inimigos todos os que se recusam a admiti-los. Quer esse sentimento se aplique a um Deus invisível, a um ídolo de pedra, a um herói ou a uma idéia política, é sempre de essência religiosa. A ele se somam o sobrenatural e o miraculoso. As multidões revestem de um mesmo poder misterioso a fórmula política ou o líder vitorioso que as fanatiza momentaneamente.

Não se é religioso apenas quando se adora uma divindade, mas quando se aplicam todos os recursos do espírito, todas as submissões da vontade, todos os ardores do fanatismo a serviço de uma causa ou de um ser que se tornou o alvo e o guia dos sentimentos e das ações.

A intolerância e o fanatismo são o acompanhamento ordinário de um sentimento religioso. São inevitáveis entre aqueles que acreditam possuir o segredo da felicidade terrena ou eterna. Esses dois traços encontram-se em todos os homens em grupo quando uma convicção qualquer os mobiliza. Os jacobinos do Terror eram tão profundamente religiosos quanto os católicos da Inquisição, e seu cruel ardor provinha da mesma fonte.

As convicções das multidões se revestem dessas características de submissão cega, intolerância feroz, necessidade de violenta propaganda inerentes ao sentimento religioso; pode-se portanto dizer que todas as suas crenças têm uma forma religiosa. O herói aclamado pela multidão é um verdadeiro deus para ela. Napoleão o foi durante quinze anos, e jamais divindade alguma contou com mais perfeitos adoradores. Nenhuma enviou tão facilmente os homens à morte. Os deuses do paganismo e do cristianismo jamais exerceram um império tão absoluto sobre as almas.

Aqueles que fundaram crenças religiosas ou políticas só o fizeram porque souberam impor às multidões esses sentimentos de fanatismo religioso que fazem o homem encontrar sua felicidade na adoração e levam-no a sacrificar a vida por seu ídolo. Foi assim em todas as épocas. Em seu belo livro sobre a Gália romana, Fustel de Coulanges nota justamente que não foi de modo algum pela força que o Império Romano se manteve e sim pela admiração religiosa que inspirava. Diz ele com razão: "Nunca se viu na história do mundo um regime detestado pelas populações durar cinco séculos... Não se poderia explicar que trinta legiões do Império pudessem coagir cem milhões de homens a obedecer." Se obedeciam, era porque o imperador, personificando a grandeza romana, era unanimemente adorado como uma divindade. No menor povoado do Império havia altares para o imperador. "Nessa época, viu-se surgir nas almas, de uma ponta a outra do Império, uma nova religião que tinha como divindades os próprios imperadores. Alguns anos antes da era cristã, a Gália inteira, representada por sessenta cidades, ergueu conjuntamente um templo a Augusto, próximo à cidade de Lyon... Seus sacerdotes, eleitos pela reunião das cidades gaulesas, eram as personalidades mais importantes de seu país... É impossível atribuir isso tudo ao temor e ao servilismo. Povos inteiros não são servis, e não o são por três séculos. Não eram os cortesãos que adoravam o príncipe, era Roma. Não era somente Roma, era a Gália, a Espanha, a Grécia e a Ásia."

Hoje, a maioria dos grandes conquistadores de almas já não possui altares, mas tem estátuas ou imagens, e o culto que lhes é oferecido não é notavelmente diferente daquele de outrora. Só se chega a compreender um pouco a filosofia da história depois de ter entendido este ponto fundamental da psicologia das multidões: para elas, ou se é deus ou não se é nada.

Essas não são superstições de outra época, definitivamente enxotadas pela razão. Em sua eterna luta contra a razão, o sentimento nunca foi vencido. As multidões já não querem ouvir as palavras divindade e religião, que as dominaram por tanto tempo; mas época alguma as viu erguer tantas estátuas e altares como faz um século. O movimento popular conhecido pelo nome de boulangismo demonstrou com que facilidade os instintos religiosos das multidões estão prontos para renascer. Não havia albergue de povoado que não possuísse a imagem do herói. Atribuíam-lhe o poder de remediar todas as injustiças, todos os males, e milhares de homens teriam dado a vida por ele. Que lugar não teria conquistado na história se seu caráter tivesse podido sustentar tal lenda!

Assim, é uma banalidade inútil repetir que as multidões precisam de religião. As crenças políticas, divinas e sociais só se estabelecem nelas com a condição de se revestirem sempre da forma religiosa, o que as coloca ao abrigo da discussão. Se fosse possível fazer as multidões aceitarem o ateísmo, ele teria todo o ardor intolerante de um sentimento religioso e, em suas manifestações exteriores, tornar-se-ia rapidamente um culto. A evolução da pequena seita positivista nos fornece uma curiosa prova disso. Assemelha-se àquele niilista, cuja história nos foi relatada pelo profundo Dostoiévski. Iluminado um dia pelas luzes da razão, quebrou as imagens das divindades e dos santos que ornavam o altar de sua pequena capela, apagou as velas e, sem perder um segundo, substituiu as imagens destruídas pelas obras de alguns filósofos ateus, reacendendo em seguida as velas piedosamente. O objeto de suas crenças religiosas tinha se transformado, mas pode-se dizer que seus sentimentos religiosos haviam realmente mudado?

Somente compreendemos bem, repito mais uma vez, alguns acontecimentos históricos – precisamente os mais importantes – após nos termos dado conta da forma religiosa que as convicções das multidões sempre acabam por revestir. Vários fenômenos sociais exigem muito mais o estudo de um psicólogo que o de um naturalista. Nosso grande historiador Taine estudou a Revolução apenas como naturalista e por isso a gênese real dos acontecimentos freqüentemente lhe escapou. Observou os fatos perfeitamente, mas, por não haver penetrado a psicologia das multidões, o célebre escritor nem sempre conseguiu alcançar suas causas. Como os fatos o apavoraram por seu lado sanguinário, anárquico e feroz, não viu nos heróis da grande epopéia outra coisa senão uma horda de selvagens epilépticos entregando-se sem entraves a seus instintos. A violência da Revolução, seus massacres, sua necessidade de propaganda, suas declarações de guerra a todos os reis só se explicam se considerarmos que ela foi o estabelecimento de uma nova crença religiosa na alma das multidões. A Reforma, a Noite de São Bartolomeu, as guerras de Religião, a Inquisição, o Terror são fenômenos de mesma ordem, realizados sob a sugestão dos sentimentos religiosos que necessariamente conduzem a extirpar, a ferro e fogo, tudo o que se oponha ao estabelecimento da nova crença. Os métodos da Inquisição e do Terror são os dos verdadeiros convictos. Não seriam convictos se empregassem outros.

As comoções análogas às que acabo de citar só são possíveis quando a alma das multidões as faz surgir. Os piores déspotas não teriam o poder de desencadeá-las. Os historiadores que mostram a Noite de São Bartolomeu como obra de um rei ignoram a psicologia das multidões tanto quanto a dos reis. Semelhantes manifestações só podem provir da alma popular. O poder mais absoluto do monarca mais despótico não vai mais longe do que apressar ou retardar um pouco seu momento. Não foram os reis que fizeram nem a Noite de São Bartolomeu, nem as guerras de Religião, assim como Robespierre, Danton ou Saint-Just também não fizeram o Terror. Por detrás de semelhantes acontecimentos sempre encontramos a alma das multidões.

SEGUNDO LIVRO

AS OPINIÕES E AS CRENÇAS DAS MULTIDÕES

CAPÍTULO I

FATORES LONGÍNQUOS DAS CRENÇAS E OPINIÕES DAS MULTIDÕES

Acabamos de estudar a constituição mental das multidões. Conhecemos seus modos de sentir, pensar, raciocinar. Examinemos agora como suas opiniões e suas crenças nascem e se estabelecem.

Os fatores que determinam essas opiniões e essas crenças são de duas ordens: fatores longínquos e fatores imediatos.

Os fatores longínquos tornam as multidões capazes de adotar algumas convicções e inaptas para se deixar penetrar por outras. Preparam o terreno em que vemos germinar de repente idéias novas, que espantam pela força e pelos resultados, mas cuja espontaneidade é somente aparente. A explosão e a execução de algumas idéias nas multidões apresentam algumas vezes uma subitaneidade fulminante. Trata-se apenas de um efeito superficial, por trás do qual geralmente se encontra um longo trabalho anterior.

Os fatores imediatos são aqueles que, sobrepostos a esse longo trabalho, sem o qual não poderiam agir, provocam a persuasão ativa das multidões, isto é, dão forma à idéia e desencadeiam-na com todas as suas conseqüências. Sob o impulso desses fatores imediatos surgem as resoluções que bruscamente mobilizam as coletividades; por meio deles explode um motim ou se decide uma greve; por meio deles maiorias enormes levam um homem ao poder ou derrubam um governo.

Em todos os grandes acontecimentos da história se constata a ação sucessiva dessas duas ordens de fatores. A Revolução Francesa, para citar apenas um dos exemplos mais expressivos, contou entre seus fatores longínquos as críticas dos escritores, as exações do Antigo Regime. A alma das multidões, assim preparada, foi em seguida facilmente mobilizada por fatores imediatos, tais como os discursos dos oradores e a resistência da corte em relação a reformas insignificantes.

Entre os fatores longínquos, existem aqueles que são gerais, encontrados na base de todas as crenças e opiniões das multidões; são eles: a raça, as tradições, o tempo, as instituições, a educação. Estudaremos seu respectivo papel.

1. A raça

Esse fator, a raça, deve ser colocado em primeiro plano, pois só ele é muito mais importante que todos os outros. Nós o estudamos bastante em um volume precedente, de modo que não nos demoraremos nele. Mostramos ali o que é uma raça histórica e como, uma vez suas características formadas, suas crenças, suas instituições, sua arte, em uma palavra, todos os elementos de sua civilização tornam-se a expressão exterior de sua alma. O poder da raça é tamanho que nenhum elemento poderia passar de um povo a outro sem sofrer as mais profundas transformações[1].

O meio, as circunstâncias e os acontecimentos representam as sugestões sociais do momento. Podem exercer uma ação importante, mas sempre momentânea se for contrária às sugestões da raça, isto é, de toda a série dos ancestrais.

Em muitos capítulos deste livro ainda teremos oportunidade de voltar à influência da raça e mostrar que essa influência é tão grande que domina as características específicas da alma das multidões. Por isso é que as multidões de diversos países apresentam diferenças de crenças e de conduta muito acentuadas e não podem ser influenciados do mesmo modo.

2. As tradições

As tradições representam as idéias, as necessidades, os sentimentos do passado. São a síntese da raça e se impõem com todo o seu peso sobre nós.

As ciências biológicas se transformaram depois que a embriologia mostrou a imensa influência do passado na evolução dos seres. O mesmo acontecerá com as ciências históricas quando essa noção estiver mais difundida, o que ainda não ocorreu de maneira suficiente – muitos

---

1. Como essa proposição ainda é bem nova e a história permanece completamente ininteligível sem ela, dediquei vários capítulos de minha obra (*Les lois psychologiques de l'évolution des peuples* [As leis psicológicas da evolução dos povos]) à sua demonstração. O leitor poderá ver que, apesar de aparências enganosas, nem a língua, nem a religião, nem as artes, nem, em uma palavra, qualquer elemento de civilização pode passar intacto de um povo a outro.

homens de Estado permaneceram fiéis às idéias dos teóricos do século passado, imaginando que uma sociedade pode romper com seu passado e ser inteiramente reconstruída tomando como guias as luzes da razão.

Um povo é um organismo criado pelo passado. Como todo organismo, só pode se modificar por lentas acumulações hereditárias.

Os verdadeiros condutores dos povos são suas tradições; e, como já disse várias vezes, só mudam facilmente suas formas exteriores. Sem tradições, isto é, sem alma nacional, civilização alguma é possível.

Por isso as duas grandes ocupações do homem desde que existe foram criar um conjunto de tradições e depois destruí-las quando seus efeitos benéficos se exaurem. Sem tradições estáveis não há civilização; sem a lenta eliminação dessas tradições não há progresso. A dificuldade está em encontrar um justo equilíbrio entre a estabilidade e a variabilidade. É uma dificuldade imensa. Quando um povo deixa seus costumes se fixarem muito solidamente por várias gerações não pode mais evoluir e se torna, como a China, incapaz de aperfeiçoamento. As próprias revoluções violentas se tornam inúteis, pois nesse caso ou os fragmentos quebrados da cadeia se soldam novamente e o passado volta a imperar sem mudanças, ou os fragmentos dispersos engendram a anarquia e logo a decadência.

A principal tarefa de um povo deve portanto ser a de preservar as instituições do passado, modificando-as pouco a pouco. Difícil tarefa. Os romanos nos tempos antigos, os ingleses nos tempos modernos, são quase os únicos a tê-la realizado.

São precisamente as multidões que com mais afinco conservam as idéias tradicionais e que com maior obstinação se opõem à sua mudança, e notadamente as categorias de multidões que constituem as castas. Já ressaltei esse espírito conservador e mostrei que muitas revoltas resultam apenas em trocas de nomes. No fim do século passado, diante das igrejas destruídas, dos padres expulsos ou guilhotinados, da perseguição geral ao culto católico, era possível acreditar que as velhas idéias religiosas tinham perdido todo poder; todavia, alguns anos depois, as demandas generalizadas conduziram ao restabelecimento do culto abolido[2].

Nenhum exemplo mostra melhor o poder das tradições sobre a alma das multidões. Não são os templos que abrigam os ídolos mais temíveis, nem os palácios os tiranos mais despóticos. São fáceis de destruir. Os senhores invisíveis que reinam em nossas almas escapam a todo esforço e cedem apenas ao lento desgaste dos séculos.

3. O tempo

Tanto nos problemas sociais como nos problemas biológicos, um dos fatores mais ativos é o tempo. É ele o

---

2. O informe do antigo convencial Fourcroy, citado por Taine, é muito claro nesse sentido:

> "O que se vê em toda parte na celebração dominical e na freqüência das igrejas prova que a massa dos franceses quer voltar aos antigos costumes, e não é mais hora de resistir a essa inclinação nacional (...)
>
> "A grande massa dos homens precisa de religião, de culto e de padres. *Um erro de alguns filósofos modernos, em que eu mesmo incorri,* é crer na possibilidade de uma instrução suficientemente ampla para destruir os preconceitos religiosos; para a grande maioria dos infelizes, eles são fonte de consolo (...)
>
> Portanto, deve-se deixar à massa do povo seus padres, seus altares e seu culto."

verdadeiro criador e o grande destruidor. Foi ele que edificou as montanhas com grãos de areia e elevou à dignidade humana a obscura célula dos tempos geológicos. Para transformar um fenômeno qualquer basta fazer intervir os séculos. Afirmou-se, com razão, que uma formiga que dispusesse do tempo necessário para isso poderia nivelar o Mont Blanc. Um ser que possuísse o poder mágico de controlar o tempo a seu bel-prazer teria a potência que os crentes atribuem a seus deuses.

Contudo, só temos de nos ocupar aqui da influência que o tempo exerce sobre a gênese das opiniões das multidões. Sua ação, nesse sentido, ainda é imensa. Dele dependem as grandes forças, tais como a raça, que sem ele não podem se formar. Faz todas as crenças evoluírem e morrerem. Através dele adquirem seu poder e também através dele perdem-no.

O tempo prepara as opiniões e as crenças das multidões, isto é, o terreno onde germinarão. Daí que algumas idéias realizáveis em uma época já não o são em outra. O tempo acumula o imenso resíduo de crenças e pensamentos sobre o qual nascem as idéias de uma época. Não germinam ao acaso e ao sabor da aventura. Suas raízes se fincam num longo passado. Quando florescem, o tempo havia preparado sua eclosão; e é sempre para trás que é preciso remontar para conceber sua gênese. Elas são filhas do passado e mães do futuro, sempre escravas do tempo.

Portanto, este último é nosso verdadeiro mestre, e basta deixá-lo agir para ver todas as coisas se transformarem. Hoje, nos inquietamos muito com as ameaçadoras aspirações das multidões, com as destruições e convulsões que pressagiam. O tempo, por si só, se encarregará de restabelecer o equilíbrio. "Nenhum regime", escreve muito corretamente o sr. Lavisse, "se fundou em um dia. As organizações políticas e sociais são obras que exigem séculos; o feudalismo existiu informe e caótico durante séculos antes de encontrar suas regras; o absolutismo monárquico também viveu durante séculos antes de encontrar meios regulares de governo, e nesses períodos de espera houve grandes distúrbios."

4. As instituições políticas e sociais

A idéia de que as instituições podem remediar os defeitos das sociedades, de que o progresso dos povos resulta do aperfeiçoamento das constituições e dos governos e de que as mudanças sociais se produzem por força de decretos, essa idéia, digo eu, ainda está muito disseminada. A Revolução Francesa tomou-a como ponto de partida e as teorias sociais atuais nela se apóiam.

As mais contínuas experiências não conseguiram abalar essa temível quimera. Em vão filósofos e historiadores tentaram demonstrar quão absurda era. Entretanto, não lhes foi difícil mostrar que as instituições são filhas das idéias, dos sentimentos e dos costumes e que não se refazem as idéias, os sentimentos e os costumes refazendo os códigos. Um povo não escolhe instituições segundo sua vontade, assim como não escolhe a cor dos seus olhos ou dos seus cabelos. As instituições e os governos são produto da raça. Longe de serem os criadores de uma época, são suas criações. Os povos não são governados conforme seus caprichos momentâneos, mas segundo a exigência de seu caráter. Às vezes são precisos séculos para formar um regime político e séculos para mudá-lo. As instituições não possuem nenhuma virtude intrínseca; não são nem boas nem más em si mesmas. Boas em dado momento para um dado povo, podem ser detestáveis para outro.

Logo, um povo não possui o poder de mudar realmente suas instituições. Pode decerto, ao preço de violentas revoluções, modificar o nome delas, mas o fundo não se modifica. Os nomes são etiquetas vãs que o historiador, preocupado com o real valor das coisas, não deve levar em conta. Assim, por exemplo, o país mais democrático do mundo é a Inglaterra[3], não obstante submetida a um regime monárquico, enquanto as repúblicas hispano-americanas, regidas por constituições republicanas, sofrem os mais duros despotismos. O caráter dos povos e não os governos é que determina seus destinos. Tentei estabelecer essa verdade em um volume precedente baseando-me em exemplos categóricos.

Perder tempo fabricando constituições é portanto uma tarefa pueril, um inútil exercício de retórica. A necessidade e o tempo se encarregam de elaborá-las, quando se deixa agir esses dois fatores. O grande historiador Macaulay mostra, em uma passagem que os políticos de todos os países latinos deveriam aprender de cor, como os anglo-saxões procederam desse modo. Após ter explicado os benefícios de leis que parecem, do ponto de vista da razão pura, um caos de absurdos e contradições, compara as dezenas de constituições mortas nas convulsões dos povos latinos da Europa e da América com a da Inglaterra, e mostra que esta se modificou muito lentamente, por

---

3. É o que admitem, mesmo nos Estados Unidos, os republicanos mais avançados. O jornal americano *Forum* exprimiu essa opinião categórica nos termos que reproduzo aqui, segundo a *Review of Reviews* de dezembro de 1894:

> "Nunca se deve esquecer, mesmo por parte dos mais fervorosos inimigos da aristocracia, que a Inglaterra é hoje o país mais democrático do universo, aquele onde os direitos do indivíduo são mais respeitados e aquele onde os indivíduos possuem mais liberdade."

partes, sob a influência de necessidades imediatas e nunca de raciocínios especulativos. "Não se preocupar com a simetria e preocupar-se muito com a utilidade; jamais suprimir uma anomalia só por ser uma anomalia; jamais inovar a não ser quando algum mal-estar se fizer sentir e então inovar apenas o suficiente para se livrar do malestar; jamais estabelecer uma proposição mais ampla que o caso particular que se pretende remediar; estas são as regras que, desde a época de João até a época de Vitória, geralmente guiaram as deliberações de nossos duzentos e cinqüenta parlamentos."

Seria preciso considerar uma a uma as leis, as instituições de cada povo, para mostrar até que ponto são a expressão das necessidades de sua raça e que, por isso, não convém transformá-las violentamente. Podemos discorrer filosoficamente, por exemplo, sobre as vantagens e as desvantagens da centralização; mas quando vemos um povo, composto de diversas raças, dedicar mil anos de esforços para chegar progressivamente a essa centralização; quando constatamos que uma grande revolução que tinha por objetivo destruir todas as instituições do passado foi forçada não somente a respeitar essa centralização, mas também a ampliá-la, podemos concluir que ela é filha de necessidades imperiosas, até mesmo uma condição de existência, e lastimar o limitado horizonte intelectual dos políticos que falam em destruí-la. Se por acaso sua opinião chegasse a triunfar, isso seria sinal de uma profunda anarquia[4] que desembocaria, aliás, em uma nova centralização mais pesada que a antiga.

---

4. Se aproximamos as profundas dissensões religiosas e políticas que separam as diversas partes da França, e que são sobretudo uma questão de raça, das tendências separatistas manifestadas na época da Revolução e que despontaram de novo perto do fim da guerra franco-

Concluamos do que precede que não é nas instituições que se deve procurar o meio de agir profundamente sobre as almas das multidões. Alguns países, como os Estados Unidos, prosperam maravilhosamente bem com instituições democráticas e outros, tais como as repúblicas hispano-americanas, vegetam na mais lamentável anarquia, apesar da semelhança das instituições. Essas instituições são tão alheias à grandeza de uns quanto à decadência dos outros. Os povos continuam sendo governados por seu caráter, e todas as instituições que não estão intimamente amoldadas a esse caráter não representam mais que uma roupa emprestada, um disfarce transitório. É certo que guerras sangrentas, revoluções violentas foram e serão feitas para impor instituições às quais se atribui o poder sobrenatural de criar a felicidade. Poder-se-ia portanto dizer, em certo sentido, que as instituições agem sobre a alma das multidões, visto que engendram tais rebeliões. Mas sabemos que, na realidade, vitoriosas ou derrotadas, não possuem em si mesmas virtude alguma. Procurar conquistá-las não é mais que procurar ilusões.

5. A instrução e a educação

Entre as idéias dominantes de nossa época, encontra-se em primeiro plano hoje a seguinte: a instrução tem

---

alemã, vemos que as diversas raças que subsistem em nosso solo ainda estão muito longe de estar fundidas. A vigorosa centralização da Revolução e a criação de departamentos artificiais destinados a misturar as antigas províncias certamente foram sua obra mais útil. Se a descentralização, de que tanto falam hoje espíritos imprevidentes, pudesse ser criada, prontamente conduziria às mais sangrentas discórdias. Não reconhecer isso é esquecer completamente nossa história.

como resultado garantido melhorar os homens e até torná-los iguais. De tanto ser repetida, essa asserção acabou por se tornar um dos dogmas mais inabaláveis da democracia. Seria tão difícil criticá-lo hoje quanto teria sido outrora criticar os da Igreja.

Sobre esse ponto, como sobre tantos outros, porém, as idéias democráticas estão em profundo desacordo com os dados da psicologia e da experiência. Muitos eminentes filósofos, Herbert Spencer notadamente, não tiveram dificuldade em mostrar que a instrução não torna o homem nem mais moral nem mais feliz, que ela não modifica seus instintos e suas paixões hereditárias e pode, mal dirigida, tornar-se muito mais perniciosa do que útil. Os estatísticos vieram confirmar essas afirmações mostrando que a criminalidade aumenta com a generalização da instrução ou, ao menos, de certa instrução; que os piores inimigos da sociedade, os anarquistas, costumam ser recrutados entre os melhores alunos das escolas. Um notável magistrado, o sr. Adolphe Guillot, constatava que existem atualmente três mil criminosos letrados contra mil iletrados e que, em 50 anos, a criminalidade passou de 227 por 100.000 habitantes a 552, ou seja, um aumento de 133%. Observou também com seus colegas que a criminalidade progride principalmente entre os jovens que tiveram o patronato substituído pela escola gratuita.

É certo que ninguém jamais sustentou que a instrução bem dirigida não possa proporcionar resultados práticos muito úteis, se não para elevar a moralidade, ao menos para desenvolver as capacidades profissionais. Infelizmente os povos latinos, sobretudo há uns trinta anos, basearam seu sistema de instrução em princípios muito equivocados e, apesar das observações de espíritos eminentes, persistem em seus lamentáveis erros. Eu mesmo mostrei em diversas obras[5] que nossa educação atual transforma em inimigos da sociedade um grande número dos que a receberam e recruta muitos discípulos para as piores formas do socialismo.

O primeiro perigo dessa educação – muito corretamente qualificada de latina – está em repousar sobre um erro psicológico fundamental: imaginar que decorar manuais desenvolve a inteligência. Com base nisso, procura-se aprender o máximo possível; e, da escola primária ao doutorado ou ao magistério, o jovem nada mais faz senão ingurgitar o conteúdo dos livros, sem jamais exercitar seu juízo e sua iniciativa. Para ele, a instrução consiste em decorar e obedecer. "Aprender lições, saber de cor uma gramática ou um compêndio, repetir bem, imitar bem", escrevia um antigo ministro da Instrução Pública, o sr. Jules Simon, "eis uma educação risível em que todo esforço é um ato de fé diante da infalibilidade do professor, cujo único resultado é nos diminuir e nos tornar impotentes."

Se essa educação fosse apenas inútil, poderíamos nos limitar a lastimar a sorte das pobres crianças às quais, no lugar de tantas coisas necessárias, prefere-se ensinar a genealogia dos filhos de Clotário, as lutas de Nêustria e da Austrásia, ou classificações zoológicas; mas há nela o perigo muito mais sério de inspirar, naquele que a recebeu, uma violenta rejeição à condição em que nasceu e o intenso desejo de sair dela. O operário não quer mais continuar sendo operário, o camponês não quer mais ser camponês e o último dos burgueses não quer para seus filhos outra possível carreira senão ser funcionário pago pelo

5. Ver *Psychologie du socialisme*, 7.ª ed. e *Psychologie de l'éducation* [Psicologia da educação], 14.ª ed.

Estado. Em vez de preparar homens para a vida, a escola os prepara somente para funções públicas em que o sucesso não exige nenhuma iniciativa. Na parte inferior da escala social, cria exércitos de proletariados descontentes com sua sorte e sempre prontos para a revolta; na parte superior, nossa frívola burguesia, ao mesmo tempo cética e crédula, impregnada de uma confiança supersticiosa no Estado providência (que entretanto critica sem cessar), culpando sempre o governo por suas próprias faltas e incapaz de realizar qualquer coisa sem a intervenção da autoridade.

O Estado, que fabrica todos esses diplomados a golpes de manual, pode empregar somente alguns deles e forçosamente deixa os outros desempregados. Tem portanto de se resignar a alimentar os primeiros e ter por inimigos os demais. De alto a baixo da pirâmide social, a formidável massa de diplomados atualmente assedia as carreiras. Um negociante dificilmente consegue encontrar um agente para representá-lo nas colônias, mas os mais modestos postos oficiais são procurados por milhares de candidatos. Só o departamento do Sena conta com 20 mil professores e professoras desempregados que, desprezando o campo e as oficinas, dirigem-se ao Estado para viver. Como o número dos eleitos é restrito, o dos descontentes é necessariamente imenso. Estes estão prontos para todas as revoluções, quaisquer que sejam seus líderes e o objetivo perseguido. A aquisição de conhecimentos inúteis é um meio garantido de transformar o homem em revoltado[6].

---

6. Aliás, esse não é um fenômeno peculiar dos povos latinos; também é observado na China, país igualmente conduzido por uma sólida hierarquia de mandarins, e onde o mandarinato também é obtido por concursos cuja única prova é a imperturbável recitação de espessos manuais. O exér-

É evidentemente tarde demais para inverter o curso das coisas. Apenas a experiência, última educadora dos povos, irá se encarregar de desvelar nosso erro. Apenas ela conseguirá demonstrar a necessidade de substituir nossos odiosos manuais, nossos deploráveis concursos por uma instrução profissional capaz de levar a juventude de volta aos campos, às oficinas, às empresas coloniais, hoje abandonados.

Essa instrução profissional agora reivindicada por todos os espíritos esclarecidos foi a que nossos pais receberam no passado e que os povos que atualmente dominam o mundo com sua vontade, sua iniciativa, seu espírito empreendedor, souberam conservar. Em páginas notáveis, cujas passagens essenciais reproduzirei adiante, Taine mostrou claramente que nossa antiga educação era mais ou menos o que é hoje a educação inglesa ou americana e, num notável paralelo entre o sistema latino e o sistema anglo-saxônico, mostra claramente as conseqüências de ambos os métodos.

Talvez se pudesse aceitar todos os inconvenientes de nossa educação clássica, mesmo que produzisse apenas marginais e descontentes, se a aquisição superficial de tantos conhecimentos, a recitação perfeita de tantos manuais

---

cito dos letrados desempregados é considerado hoje, na China, uma verdadeira calamidade nacional. O mesmo acontece na Índia, onde, desde que os ingleses abriram escolas, não para educar, como na Inglaterra, mas simplesmente para instruir os indianos, formou-se uma classe especial de letrados, os babus, que, quando não conseguem obter um trabalho, tornam-se irreconciliáveis inimigos do domínio inglês. O primeiro efeito da instrução em todos os babus, munidos ou não de emprego, foi abaixar imensamente o nível de sua moralidade. Insisti muito nesse aspecto em meu livro *Les civilisations de l'Inde* [As civilizações da Índia]. Todos os autores que visitaram a grande península constataram-no igualmente.

elevassem o nível de inteligência. Mas, será que atinge esse resultado? Infelizmente não! O juízo, a experiência, a iniciativa, o caráter são as condições de sucesso na vida, e não é nos livros que os aprendemos. Os livros são dicionários úteis para consultar, mas é totalmente supérfluo armazenar na cabeça longos fragmentos deles.

Taine mostrou muito bem como a instrução profissional pode desenvolver a inteligência de um modo que escapa completamente à instrução clássica:

> As idéias só se formam em seu meio natural e normal; o que faz que seu germe brote são as inúmeras impressões sensíveis que o jovem recebe todos os dias na oficina, na mina, no tribunal, no estudo, no canteiro de obras, no hospital, na profusão das ferramentas, dos materiais e das operações, em presença dos clientes, dos operários, do trabalho, da obra bem-feita ou malfeita, dispendiosa ou lucrativa: eis as pequenas percepções particulares dos olhos, do ouvido, das mãos e mesmo do olfato que, involuntariamente recolhidas e surdamente elaboradas, nele se organizam para lhe sugerir cedo ou tarde certa combinação nova, simplificação, economia, aperfeiçoamento ou invenção. De todos esses contatos preciosos, de todos esses elementos assimiláveis e indispensáveis, o jovem francês é privado, e justamente durante a idade fecunda: durante sete ou oito anos fica seqüestrado numa escola, longe da experiência direta e pessoal que lhe teria proporcionado a noção exata e viva das coisas, dos homens e dos diversos modos de manejá-los.
>
> (...) Ao menos nove em cada dez perderam seu tempo e seu esforço, vários anos de sua vida, e anos eficazes, importantes ou mesmo decisivos: contemos primeiro a metade ou os dois terços daqueles que se apresentam para o exame – refiro-me aos recusados. Em seguida, entre os aceitos, graduados, titulados e diplomados, também a metade ou os dois terços – refiro-me aos esgotados. Exigiu-se demais deles quando se pediu que tal dia,

> numa cadeira ou diante de uma lousa, fossem, durante duas horas, repertórios vivos de todo o conhecimento humano de um grupo de ciências; na verdade foram isso ou quase isso naquele dia, durante duas horas; um mês mais tarde, porém, já não o são; não conseguiriam se submeter ao exame novamente; suas aquisições, numerosas e pesadas demais, deslizam incessantemente para fora de seu espírito e eles não fazem novas aquisições. Seu vigor mental declinou; a seiva fecunda secou; surge o homem feito, geralmente um homem acabado. Este, com uma vida regrada, casado, resignado a girar em círculos e indefinidamente no mesmo círculo, aloja-se no seu ofício restrito; executa-o corretamente, nada mais. Tal é o rendimento médio; certamente a receita não equilibra os gastos. Na Inglaterra e na América, onde, como antes de 1789 na França, se emprega o procedimento inverso, o rendimento obtido é igual ou superior.

O ilustre historiador mostra em seguida a diferença do nosso sistema em relação ao dos anglo-saxões. Para eles, o ensino não provém do livro e sim da coisa mesma. No caso do engenheiro, por exemplo, que se forma numa oficina e nunca numa escola, cada qual pode atingir exatamente o nível que sua inteligência permite: operário ou contramestre se for incapaz de ir mais longe, engenheiro se suas aptidões permitirem. É um procedimento mais democrático e útil para a sociedade do que fazer depender toda a carreira de um indivíduo de um concurso de algumas horas realizado quando se tem dezoito ou vinte anos.

> No hospital, na mina, na fábrica, junto ao arquiteto, ao advogado, o aluno, admitido muito jovem, faz sua aprendizagem e seu estágio – aproximadamente como entre nós um escrevente em seu cartório ou um aluno de pintura em seu ateliê. Previamente e antes de entrar, pôde seguir

algum curso geral e breve, a fim de possuir um quadro pronto para registrar as observações que em seguida fará. Entretanto, tem quase sempre ao seu alcance alguns cursos técnicos que poderá seguir nas horas livres, a fim de ir coordenando pouco a pouco as experiências cotidianas. Sob tal regime, a capacidade prática do aluno cresce e se desenvolve por si só, até o grau que suas faculdades permitem e na direção exigida pelas necessidades futuras da atividade específica à qual desde o presente quer se adaptar. Dessa maneira, na Inglaterra e nos Estados Unidos, o jovem chega a extrair de si mesmo tudo o que possui. A partir dos 25 anos, ou até antes, se não carece de conteúdo e de recursos, é não só um útil executor, como também um empreendedor espontâneo, não só uma engrenagem, mas além disso um motor. Na França, onde o procedimento inverso prevaleceu e onde a cada geração se fica mais chinês, o total das forças perdidas é enorme.

E o grande filósofo chega à seguinte conclusão sobre o crescente desacordo entre nossa educação latina e a vida:

Nas três etapas da instrução – na infância, na adolescência e na juventude –, o preparo teórico e escolar nos bancos, mediante livros, foi prolongado e sobrecarregado tendo em vista o exame, o grau, o diploma e o certificado, tendo em vista somente isso e pelos piores meios: pela aplicação de um regime antinatural e anti-social, pelo excessivo atraso da aprendizagem prática, pelo internato, pelo treinamento artificial e pelo cumprimento mecânico de tarefas, pela exaustão, sem levar em conta o tempo que virá a seguir, a idade adulta e os ofícios viris que o homem feito exercerá, fazendo abstração do mundo real onde em breve cairá, da sociedade circundante à qual é preciso adaptá-lo ou à qual tem de se resignar de antemão, do conflito humano para o qual, para se defender e se manter de pé, ele deve ser previamente equipado, armado, exercitado, enrijecido. Esse equipamento indispensável, essa aquisição mais importante que todas as outras, essa solidez do bom senso, da vontade e dos nervos, nossas escolas não lhe proporcionam; ao contrário, longe de qualificá-lo, desqualificam-no para sua condição próxima e definitiva. Portanto, sua entrada no mundo e seus primeiros passos no campo da ação prática são, freqüentemente, apenas uma série de dolorosas quedas; fica marcado por elas, por muito tempo melindrado e às vezes para sempre estropiado. É uma rude e perigosa prova; nela, o equilíbrio moral e mental se altera e corre o risco de não se restabelecer; a desilusão veio, brusca e completa demais; as decepções foram grandes demais e os dissabores fortes demais[7].

Teremos nos afastado, no que precede, da psicologia das multidões? Certamente que não. Para compreender as idéias, as crenças que nelas hoje germinam e amanhã eclodirão é preciso saber como o terreno foi preparado. O ensino dado à juventude de um país permite prever um pouco o destino desse país. A educação da atual geração justifica as previsões mais sombrias. É em parte com a instrução e a educação que se melhora ou se altera a alma das multidões. Era portanto necessário mostrar como o atual sistema a moldou e como a massa dos indiferentes e dos neutros foi progressivamente se tornando um imenso exército de descontentes, pronto para seguir todas as sugestões dos utopistas e dos retóricos. A escola forma hoje descontentes e anarquistas e prepara tempos de decadência para os povos latinos.

---

7. TAINE, *Le régime moderne* [O regime moderno], t. II, 1894. Essas páginas são quase as últimas escritas por Taine. Resumem admiravelmente os resultados de sua longa experiência. A educação é nosso único meio de agir um pouco sobre a alma de um povo. É profundamente triste que quase ninguém na França chegue a compreender o temível elemento de decadência que há em nosso sistema de ensino atual. Ao invés de educar a juventude, rebaixa-a e a perverte.

CAPÍTULO II

FATORES IMEDIATOS DAS OPINIÕES DAS MULTIDÕES

Acabamos de investigar os fatores longínquos e preparatórios que dotam a alma dos povos de uma receptividade especial, tornando possível a eclosão de certos sentimentos e idéias nas multidões. Resta-nos examinar agora os fatores suscetíveis de exercer uma ação imediata. Veremos em um próximo capítulo como esses fatores devem ser manejados para produzir todos os seus efeitos.

A primeira parte de nossa obra tratou dos sentimentos, das idéias e dos raciocínios das coletividades; e esse conhecimento poderia evidentemente fornecer, de modo geral, os meios para influenciar sua alma. Já sabemos o que toca a imaginação das multidões, o poder e o contágio das sugestões, sobretudo das apresentadas sob a forma de imagens. No entanto, como as possíveis sugestões são de origem muito diversa, os fatores capazes de agir sobre a alma das multidões podem ser muito diferentes. Logo, é necessário examiná-los separadamente. As multidões são um pouco como a esfinge da antiga fábula: é preciso saber resolver os problemas que a psicologia delas nos apresenta ou se resignar a ser devorado por elas.

1. As imagens, as palavras e as fórmulas

Estudando a imaginação das multidões, vimos que são impressionadas sobretudo por imagens. Se nem sempre se dispõe dessas imagens, é possível evocá-las pelo judicioso emprego de palavras e fórmulas. Manejadas com arte, possuem realmente o poder misterioso que outrora lhe atribuíam os adeptos da magia. Provocam na alma das multidões as mais formidáveis tempestades e podem também acalmá-las. Apenas com as ossadas das vítimas do poder das palavras e das fórmulas seria possível erguer uma pirâmide mais alta que a do velho Quéops.

O poder das palavras está ligado às imagens que evocam e é completamente independente de seu significado real. Aquelas cujo sentido está mais mal definido possuem às vezes maior eficácia. É o caso, por exemplo, de termos como democracia, socialismo, igualdade, liberdade etc., cujo sentido é tão vago que grossos volumes não seriam suficientes para precisá-lo. Não obstante, a suas breves sílabas está ligado um poder verdadeiramente mágico, como se contivessem a solução de todos os problemas. Sintetizam diversas aspirações inconscientes e a esperança de sua realização.

A razão e os argumentos são impotentes diante de certas palavras e certas fórmulas. Quando pronunciadas com recolhimento diante das multidões, imediatamente os rostos se tornam respeitosos e as frontes se inclinam. Muitos as consideram forças da natureza, poderes sobrenaturais. Elas evocam nas almas imagens grandiosas e vagas, mas a própria vaguidão que as torna imprecisas aumenta seu misterioso poder. Podemos compará-las às temíveis divindades ocultas atrás do tabernáculo, das quais o devoto só se aproxima tremendo.

Como as imagens evocadas pelas palavras independem de seu sentido, elas variam de uma época para outra, de um povo para outro, sob a identidade das fórmulas. A certas palavras vinculam-se transitoriamente certas imagens: a palavra é apenas o sinal sonoro que as faz aparecer.

Nem todas as palavras e nem todas as fórmulas possuem o poder de evocar imagens; há aquelas que, após terem sido evocadas, se desgastam e não despertam mais nada no espírito. Tornam-se então sons vazios, cuja principal utilidade é dispensar aquele que as emprega da obrigação de pensar. Com um pequeno estoque de fórmulas e de lugares-comuns aprendidos na juventude, possuímos tudo o que é preciso para atravessar a vida sem a fatigante necessidade de ter de refletir.

Se considerarmos uma determinada língua, veremos que as palavras que a compõem se modificam muito lentamente no decorrer dos tempos; mas as imagens que evocam ou o sentido a elas atribuído mudam incessantemente. Por isso é que, em outra obra, cheguei à conclusão de que a tradução exata de uma língua, sobretudo quando se trata de povos mortos, é totalmente impossível. Que fazemos nós, na realidade, ao substituir um termo latino, grego ou sânscrito por um termo francês, ou mesmo quando procuramos compreender um livro escrito em nossa própria língua há alguns séculos? Simplesmente substituímos por imagens e idéias que a vida moderna suscitou em nossa inteligência as noções e imagens absolutamente diferentes que a vida antiga gerou na alma das raças submetidas a condições de existência sem paralelo com as nossas. Quando os homens da Revolução imaginavam copiar os gregos e os romanos, não faziam mais que conferir a palavras antigas um sentido que jamais tiveram. Que semelhança poderia existir entre as instituições dos gregos e as designadas atualmente por palavras correspondentes? O que era então uma república, senão uma instituição essencialmente aristocrática formada por uma reunião de pequenos déspotas que dominavam uma multidão de escravos mantidos na mais absoluta sujeição? Sem a escravidão, essas aristocracias comunais não teriam podido existir por um instante sequer.

E a palavra liberdade, o que poderia significar de parecido com o que entendemos hoje numa época em que nem mesmo se imaginava a liberdade de pensamento, em que não havia delito maior e, aliás, mais raro do que discutir os deuses, as leis e os costumes da cidade? A palavra pátria, na alma de um ateniense ou de um espartano, significava o culto de Atenas ou de Esparta, mas de modo nenhum o da Grécia, composta de cidades rivais e sempre em guerra. A mesma palavra pátria, que sentido podia ter para os antigos gauleses, divididos em tribos rivais, de raças, línguas e religiões diferentes, que César tão facilmente venceu por sempre ter aliados entre elas? Foi somente Roma que dotou a Gália de uma pátria ao lhe conferir unidade política e religiosa. Sem voltar tão longe no tempo e recuando apenas dois séculos, pode-se dizer que a mesma palavra pátria era entendida como é hoje por príncipes franceses, tais como o grande Condé, que se aliou ao estrangeiro contra seu soberano? E ainda a mesma palavra não tinha um sentido bem diferente do moderno para os emigrados, que imaginavam obedecer às leis da honra ao combater a França, quando na verdade obedeciam a seu ponto de vista, visto que a lei feudal ligava o vassalo ao senhor e não à terra, e ali onde o soberano mandava, ali estava a verdadeira pátria?

São muitas as palavras cujo sentido mudou profundamente de uma época para outra. Só conseguimos compreendê-las como eram antigamente após um longo esforço. É necessária muita leitura, já se disse com razão, para chegar tão-só a conceber o que significavam aos olhos de nossos bisavós palavras tais como rei e família real. O que dizer então dos termos mais complexos?

Portanto, as palavras possuem apenas significados variáveis e transitórios, que mudam de uma época para outra e de um povo para outro. Quando queremos agir por meio delas sobre a multidão, é preciso saber o sentido que têm para ela num dado momento e não aquele que tiveram outrora ou podem ter para os indivíduos de constituição mental diferente. As palavras, tal como as idéias, são vivas.

Por isso, quando, após convulsões políticas e mudanças de crenças, as multidões acabam por manifestar uma profunda antipatia pelas imagens evocadas por certas palavras, o primeiro dever do verdadeiro homem de Estado é mudar as palavras sem tocar, bem entendido, nas próprias coisas. Estas acham-se muito ligadas a uma constituição hereditária para poderem ser transformadas. O judicioso Tocqueville ressalta que o trabalho do Consulado e do Império consistiu sobretudo em vestir a maioria das instituições do passado de palavras novas, em substituir conseqüentemente palavras que evocassem imagens deploráveis na imaginação por outras cuja novidade impedisse semelhantes evocações. A talha tornou-se contribuição fundiária; a gabela, imposto sobre o sal; as ajudas, contribuições indiretas e direito reunidos; a taxa das mestranças e jurandas passou a ser chamada patente etc.

Uma das funções mais essenciais dos homens de Estado consiste portanto em batizar com palavras populares, ou ao menos neutras, as coisas detestadas pelas multidões com seus antigos nomes. O poder das palavras é tão grande que basta escolher bem os termos para fazer com que sejam aceitas as coisas mais odiosas. Taine observa corretamente que foi invocando a liberdade e a fraternidade, palavras muito populares na época, que os jacobinos puderam "instalar um despotismo digno do Daomé, um tribunal semelhante ao da Inquisição, hecatombes humanas semelhantes às do México antigo". A arte dos governantes, como a dos advogados, consiste principalmente em saber manejar as palavras. Difícil arte, pois, em uma mesma sociedade, as mesmas palavras geralmente possuem sentidos diferentes conforme as diversas camadas sociais. Elas aparentemente empregam as mesmas palavras, mas não falam a mesma língua.

Nos exemplos precedentes o tempo foi considerado o principal fator da mudança de sentido das palavras. Se também considerássemos a raça, veríamos então que numa mesma época, em povos igualmente civilizados mas de raças diferentes, palavras idênticas geralmente correspondem a idéias extremamente dessemelhantes. Essas diferenças não podem ser compreendidas sem inúmeras viagens e portanto não poderia insistir nesse aspecto, limitando-me a ressaltar que são precisamente as palavras mais empregadas que, de um povo a outro, possuem os sentidos mais diversos. Como, por exemplo, as palavras democracia e socialismo, de uso tão freqüente hoje em dia.

Na realidade, elas correspondem a idéias e imagens completamente opostas nas almas latinas e nas almas anglo-saxônicas. Para os latinos, a palavra democracia significa sobretudo a supressão da vontade e da iniciativa do indivíduo diante das do Estado. Este está cada vez mais encarregado de dirigir, centralizar, monopolizar e fabricar. A ele recorrem constantemente todos os partidos sem exceção, radicais, socialistas ou monarquistas. Para o anglo-saxão, o da América notadamente, a mesma palavra democracia significa ao contrário intenso desenvolvimento da vontade e do indivíduo, supressão do Estado, ao qual – afora a polícia, o exército e as relações diplomáticas – não se deixa nada para dirigir, nem mesmo a instrução. Logo, a mesma palavra possui, para esses dois povos, sentidos absolutamente opostos[8].

2. As ilusões

Desde a aurora das civilizações, os povos sempre sofreram a influência das ilusões, e foi aos criadores de ilusões que eles ergueram mais templos, estátuas e altares. Ilusões religiosas outrora, ilusões filosóficas e sociais atualmente, essas formidáveis soberanas encontram-se na cabeça de todas as civilizações que sucessivamente floresceram em nosso planeta. Em nome delas é que foram edificados os templos da Caldéia e do Egito, os monumentos religiosos da Idade Média e que toda a Europa experimentou convulsões há um século. Não há uma só de nossas concepções artísticas, políticas ou sociais que não leve sua poderosa marca. Às vezes o homem as derruba ao preço de terríveis convulsões, mas sempre parece condenado a reerguê-las. Sem elas não poderia ter saído da barbárie primitiva e voltaria rapidamente a cair nela. São sombras vãs, sem dúvida; mas essas filhas de nossos sonhos incitaram os povos a criar tudo o que compõe o esplendor das artes e a grandeza das civilizações.

---

8. Em *Lois psyhologiques de l'évolution des peuples*, insisti demoradamente na diferença que separa o ideal democrático latino do ideal democrático anglo-saxão.

"Se fossem destruídas nos museus e nas bibliotecas e atiradas sobre as lajes dos átrios todas as obras e todos os monumentos de arte que inspiraram as religiões, o que restaria dos grandes sonhos humanos?", escreve um autor que resume nossas doutrinas. "Proporcionar aos homens as esperanças e ilusões sem as quais não podem existir, tal é a razão de ser dos deuses, dos heróis e dos poetas. A ciência pareceu assumir essa tarefa por algum tempo. Mas o que a comprometeu nos corações famintos de ideal é que já não ousa prometer o suficiente e não sabe mentir o bastante."

Os filósofos do século passado dedicaram-se fervorosamente a destruir as ilusões religiosas, políticas e sociais de que nossos pais tinham vivido por longos séculos. Ao destruí-las, secaram as fontes da esperança e da resignação. Por trás das quimeras imoladas, encontraram as forças cegas da natureza, inexoráveis para com a fraqueza e que não conhecem piedade.

Com todos os seus progressos, a filosofia ainda não pôde oferecer aos povos nenhum ideal capaz de cativá-los. Sendo-lhes as ilusões indispensáveis, dirigem-se por instinto, como o inseto que busca a luz, na direção dos retóricos que lhes apresentem algumas. O grande fator da evolução dos povos nunca foi a verdade, mas o erro. E se hoje o socialismo vê seu poder crescer, é porque ainda constitui a única ilusão viva. As demonstrações científicas em nada entravam seu avanço progressivo. Sua principal força é ser defendido por espíritos que ignoram a realidade das coisas o suficiente para ousar prometer audazmente a felicidade ao homem. Atualmente, a ilusão social reina sobre todas as ruínas acumuladas do passado e o futuro lhe pertence. As multidões nunca tiveram sede de verdades. Diante das evidências que lhes desagradam, desviam-se, preferindo deificar o erro se este as seduzir. Quem sabe iludi-las facilmente torna-se seu mestre; quem tenta desiludi-las é sempre sua vítima.

3. A experiência

A experiência é praticamente o único procedimento eficaz para estabelecer solidamente uma verdade na alma das multidões e destruir ilusões que se tornaram perigosas demais. Deve no entanto ser realizada em muito grande escala e freqüentemente repetida. As experiências de uma geração geralmente são inúteis para a seguinte: por isso os acontecimentos históricos invocados não poderiam servir como elementos de demonstração. Sua única utilidade é provar até que ponto as experiências devem ser repetidas de tempos em tempos para exercer alguma influência e chegar a eliminar um erro solidamente implantado.

Nosso século e aquele que o precedeu certamente serão citados pelos historiadores de amanhã como uma era de curiosas experiências. Em nenhuma época se tentou tanto.

A mais gigantesca foi a Revolução Francesa. Para descobrir que não se pode refazer uma sociedade inteira com base nas indicações da razão pura, foi preciso massacrar milhões de homens e convulsionar a Europa toda durante vinte anos. Para provar experimentalmente que os césares custam caro aos povos que os aclamam, foram necessárias duas ruinosas experiências durante cinqüenta anos, e apesar da clareza delas, parecem não ter sido suficientemente convincentes. Todavia, a primeira custou três milhões de homens e uma invasão, a segunda um desmembramento e a necessidade de exércitos permanentes. Uma terceira quase foi iniciada faz alguns anos e com certeza será tentada novamente. Para fazer admitir que o imenso exército alemão não era uma espécie de inofensiva[9] guarda nacional, como se ensinava antes de 1870, foi preciso a medonha guerra que nos custou tão caro. Para reconhecer que o protecionismo acaba arruinando os povos que o aceitam, desastrosas experiências serão necessárias. Poderíamos multiplicar indefinidamente esses exemplos.

4. A razão

Na enumeração dos fatores capazes de impressionar a alma das multidões, poderíamos nos dispensar de mencionar a razão, se não fosse preciso indicar o valor negativo de sua influência.

Já mostramos que as multidões não são influenciáveis por raciocínios e só entendem grosseiras associações

9. Nesse caso, a opinião tinha se formado pelas grosseiras associações de coisas dessemelhantes, mecanismo que já expus anteriormente. Sendo nossa guarda nacional de então composta de pacíficos comerciantes desprovidos de qualquer traço de disciplina e não podendo ser levada a sério, tudo o que levava um nome análogo despertava as mesmas imagens e era conseqüentemente considerado igualmente inofensivo. O erro das multidões era compartilhado na época, como acontece tão freqüentemente com as opiniões gerais, por seus chefes. Em discurso pronunciado em 31 de dezembro de 1867 na Câmara dos Deputados, um homem de Estado que muitas vezes seguiu a opinião das multidões, o sr. Thiers, repetia que a Prússia, além de um exército ativo quase tão numeroso quanto o nosso, possuía apenas uma guarda nacional análoga à que possuíamos e conseqüentemente sem importância. Asserções tão corretas quanto as célebres previsões do mesmo homem de Estado sobre a falta de futuro das estradas de ferro.

de idéias. Por isso é que os oradores que sabem impressioná-las apelam aos seus sentimentos e nunca à sua razão. Sobre elas não agem as leis da lógica racional[10]. Para vencer as multidões, é preciso primeiro se dar conta dos sentimentos que as animam, fingir partilhá-los e depois tentar modificá-los, provocando por meio de associações rudimentares algumas imagens sugestivas; saber voltar atrás, se necessário, e sobretudo adivinhar, a cada instante, os sentimentos que se fazem brotar. Essa necessidade de variar a linguagem conforme o efeito produzido no momento em que se fala torna vão todo discurso estudado e preparado. O orador que segue seu pensamento e não o de seus ouvintes perde toda influência exclusivamente por causa disso.

Os espíritos lógicos, habituados a estritos encadeamentos de raciocínios, não podem deixar de recorrer a

---

10. Minhas primeiras observações sobre a arte de impressionar as multidões e sobre os parcos recursos que, desse ponto de vista, as regras da lógica oferecem datam do cerco de Paris, no dia em que vi ser conduzido ao Louvre, onde estava então sediado o governo, o marechal V..., que uma multidão furiosa supunha ter surpreendido roubando a planta das fortificações para vendê-la aos prussianos. Um membro do governo, G. P. ..., célebre orador, saiu para arengar a massa, que exigia a execução imediata do prisioneiro. Eu esperava que o orador fosse demonstrar o absurdo da acusação, dizendo que o marechal acusado era exatamente um dos construtores dessas fortificações, cuja planta, aliás, era vendida em todas as livrarias. Para minha grande surpresa – eu era, então, muito jovem – o discurso foi totalmente diferente. "A justiça será feita", gritou o orador avançando para o prisioneiro, "e uma justiça implacável. Deixem o governo da Defesa Nacional terminar as averiguações que vocês iniciaram. Enquanto isso, vamos prender o acusado." Rapidamente acalmada por essa aparente satisfação, a multidão se dispersou e após quinze minutos o marechal pôde voltar para casa. Teria certamente sido linchado se seu advogado tivesse exposto à multidão furiosa os raciocínios lógicos que minha extrema juventude achava convincentes.

esse modo de persuasão quando se dirigem às multidões e a falta de efeito de seus argumentos sempre os surpreende. Um lógico escreveu: "As usuais conclusões matemáticas fundadas no silogismo, isto é, em associações de identidades são necessárias... A necessidade forçaria o assentimento até mesmo de uma massa inorgânica se ela fosse capaz de seguir associações de identidades." Sem dúvida, mas a multidão não é mais apta para seguilas que a massa inorgânica, nem mesmo para escutá-las. Tentem por exemplo convencer por meio de um raciocínio espíritos primitivos, sejam eles selvagens ou crianças, e vocês se darão conta do pouco valor que esse modo de argumentação possui.

Nem mesmo é preciso descer até os seres primitivos para constatar a completa impotência dos raciocínios quando têm de lutar contra sentimentos. Basta lembrar quão tenazes foram, por longos séculos, superstições religiosas contrárias à mais simples lógica. Durante cerca de dois mil anos, os mais luminosos gênios curvaram-se sob suas leis e foi preciso chegar aos tempos modernos para que sua veracidade pudesse ser contestada. Na Idade Média e no Renascimento houve muitos homens esclarecidos, mas nenhum ao qual o raciocínio tenha mostrado a infantilidade dessas superstições e feito brotar uma leve dúvida sobre os malfeitos do diabo ou a necessidade de queimar os bruxos.

Deve-se lastimar que a razão não seja o guia das multidões? Não ousaríamos afirmá-lo. A razão humana certamente não teria conseguido conduzir a humanidade pelos caminhos da civilização com o ardor e o atrevimento que nela despertaram suas quimeras. Filhas do inconsciente que nos conduz, essas quimeras eram provavelmente necessárias. Cada raça carrega na sua constituição mental as leis de seu destino e talvez obedeça a essas leis por um inelutável instinto, mesmo nos seus impulsos aparentemente mais irracionais. Às vezes parece que os povos estão submetidos a forças secretas análogas às que obrigam a belota a se transformar em carvalho ou o cometa a seguir sua órbita.

O pouco que podemos pressentir dessas forças deve ser procurado no andamento geral da evolução de um povo e não nos fatos isolados de onde essa evolução parece às vezes surgir. Se considerássemos apenas esses fatos isolados, a história pareceria regida por absurdos acasos. Era inverossímil que um ignorante carpinteiro da Galiléia pudesse se tornar durante dois mil anos um Deus todo-poderoso, em nome do qual foram fundadas as mais importantes civilizações; também era inverossímil que uns bandos de árabes saídos de seus desertos pudessem conquistar a maior parte do velho mundo greco-romano e fundar um império maior que o de Alexandre; inverossímil também que, numa Europa muito velha e muito hierarquizada, um simples tenente de artilharia conseguisse reinar sobre uma multidão de povos e de reis.

Portanto, deixemos a razão para os filósofos, mas não lhe peçamos que intervenha muito no governo dos homens. Não é com a razão, e foi muitas vezes apesar dela, que foram criados sentimentos tais como a honra, a abnegação, a fé religiosa, o amor à glória e à pátria, que foram até aqui as grandes molas de todas as civilizações.

CAPÍTULO III

OS CONDUTORES DAS MULTIDÕES E SEUS MEIOS DE PERSUASÃO

Conhecemos agora a constituição mental das multidões e sabemos também quais móveis impressionam sua alma. Resta-nos pesquisar como devem ser aplicados esses móveis e por quem podem ser utilmente aplicados.

1. Os condutores das multidões

Desde que um certo número de seres vivos esteja reunido, quer se trate de um rebanho de animais ou de uma multidão de homens, instintivamente eles se colocam sob a autoridade de um chefe, isto é, de um condutor ou líder.

Nos grupos humanos, o líder possui um papel considerável. Sua vontade é o núcleo em torno do qual se formam e se identificam as opiniões. A multidão é um rebanho que não poderia prescindir de mestre.

Geralmente, o condutor foi anteriormente um conduzido, hipnotizado pela idéia da qual em seguida se tornou o apóstolo. Ela o invadiu a tal ponto que tudo exceto ela desaparece e toda opinião contrária lhe parece erro e superstição. Foi o que aconteceu com Robespierre, hipnotizado por suas idéias quiméricas e empregando os procedimentos da Inquisição para propagá-las.

Em geral, os condutores não são homens de pensamento, mas de ação. São pouco clarividentes e não poderiam sê-lo, pois a clarividência geralmente conduz à dúvida e à inação. São recrutados sobretudo entre os neuróticos, os excitados, os semi-alienados que beiram a loucura. Por mais absurda que seja a idéia que defendem ou o objetivo que perseguem, todo raciocínio se enfraquece diante de sua convicção. O desprezo e as perseguições apenas os excitam mais. Sacrificam tudo, seu interesse pessoal, sua família. O próprio instinto de sobrevivência se anula neles a tal ponto que muitas vezes a única recompensa que pedem é o martírio. A intensidade da fé confere a suas palavras um grande poder de sugestão. A multidão sempre escuta o homem dotado de vontade forte. Como os indivíduos reunidos na multidão perdem toda vontade, voltam-se instintivamente para quem a possui.

De líderes, os povos nunca careceram: no entanto, nem todos possuem, longe disso, as fortes convicções que os transformam em apóstolos. Geralmente são argutos retóricos, que perseguem apenas seus interesses pessoais e procuram persuadir adulando os baixos instintos. Assim, a influência que exercem é sempre efêmera. Os grandes convictos que excitam a alma das multidões, Pedro, o Eremita, Lutero, Savonarola, os homens da Revolução, só exerceram fascinação depois de terem eles mesmos sido subjugados por uma crença. Puderam então criar nas almas este formidável poder denominado fé, que torna o homem escravo absoluto de seu sonho.

Criar a fé, quer se trate de fé religiosa, política ou social, de fé numa obra, numa pessoa ou numa idéia, é esse sobretudo o papel dos grandes líderes. Dentre todas as forças de que a humanidade dispõe, a fé sempre foi uma das mais importantes, e é com razão que o Evangelho lhe atribui o poder de mover montanhas. Dotar o homem de fé é decuplicar sua força. Os grandes acontecimentos da história geralmente foram realizados por obscuros crentes que tinham a seu favor apenas sua fé. Não foi com letrados e filósofos, nem sobretudo com os céticos, que se edificaram as religiões que governaram o mundo e os vastos impérios estendidos de um hemisfério a outro.

Tais exemplos aplicam-se porém aos grandes líderes e estes são raros o suficiente para que a história possa facilmente enumerá-los. Constituem o ápice de uma série contínua, que vai em sentido descendente do poderoso manipulador de homens ao operário que, em uma taberna esfumaçada, lentamente fascina seus camaradas repetindo incessantemente algumas fórmulas que pouco compreende, mas cuja aplicação, segundo ele, deve garantir a realização de todos os sonhos e de todas as esperanças.

Em cada esfera social, da mais alta à mais baixa, a partir do instante em que o homem deixa de estar isolado, ele logo cai sob o domínio de um condutor. Pelo fato de a maioria dos indivíduos, sobretudo nas massas populares, não possuir, fora sua especialidade, qualquer idéia clara e articulada, ela é incapaz de conduzir a si mesma. O condutor lhes serve de guia. A rigor, pode ser substituído, embora muito insatisfatoriamente, por essas publicações periódicas que fabricam opiniões para seus leitores e lhes proporcionam frases feitas, dispensando-os de refletir.

A autoridade dos líderes é muito despótica e não chega a se impor senão em razão desse despotismo. Notou-se quão facilmente eles se fazem obedecer pelas camadas operárias mais turbulentas sem, entretanto, possuírem qualquer meio para sustentar sua autoridade. Determinam as horas de trabalho, o valor dos salários, decidem as greves, fazem-nas começar e terminar em hora determinada.

Atualmente, os líderes tendem progressivamente a substituir os poderes públicos na medida em que estes se deixam contestar e enfraquecer. Graças à sua tirania, esses novos mestres obtêm das multidões uma docilidade muito mais completa do que governo algum alguma vez obteve. Se, em conseqüência de um acidente qualquer, o líder desaparece e não é imediatamente substituído, a multidão volta a se tornar uma coletividade sem coesão nem resistência. Durante uma greve de empregados de ônibus em Paris, bastou deter os dois líderes que a dirigiam para fazê-la terminar imediatamente. Não é a necessidade de liberdade que sempre domina a alma das multidões, mas a da servidão. Sua sede de obediência as faz submeter-se instintivamente a quem se declarar seu mestre.

Pode-se estabelecer uma divisão bastante nítida na classe dos líderes. Uns são homens enérgicos, de vontade forte, mas momentânea; outros, muito mais raros, possuem uma vontade ao mesmo tempo forte e duradoura. Os primeiros mostram-se violentos, corajosos, ousados. São úteis sobretudo para comandar um ataque, arrastar as massas apesar do perigo e transformar em heróis os recrutas da véspera. Assim foram, por exemplo, Ney e Murat no primeiro Império. Assim é, em nossos dias, Garibaldi, aventureiro sem talento, mas enérgico, que com um punhado de homens conseguiu tomar o antigo reino de Nápoles, embora este fosse defendido por um exército disciplinado.

Mas, embora a energia de tais líderes seja poderosa, ela é momentânea e não sobrevive ao estímulo que a fez surgir. De volta à vida cotidiana, os heróis animados por aquela energia freqüentemente demonstram, como aqueles que acabei de citar, uma espantosa fraqueza. Parecem incapazes de refletir e de conduzir a si próprios nas circunstâncias mais simples, após terem conduzido os outros tão bem. Esses condutores só conseguem exercer sua função na condição de serem eles próprios conduzidos e estimulados incessantemente, de sempre sentirem acima deles um homem ou uma idéia, de seguirem uma linha de conduta bem definida.

A segunda categoria de líderes, a dos homens de vontade duradoura, exerce uma influência muito mais considerável, apesar das formas menos brilhantes. Encontramos nela os verdadeiros fundadores de religiões ou de grandes obras: São Paulo, Maomé, Cristóvão Colombo, Lesseps. Inteligentes ou limitados, pouco importa, o mundo sempre lhes pertencerá. A vontade persistente que possuem é uma faculdade infinitamente rara e infinitamente poderosa que faz tudo se dobrar. Nem sempre nos damos suficientemente conta do que pode uma vontade forte e contínua. Nada resiste a ela, nem a natureza, nem os deuses, nem os homens.

O exemplo mais recente nos foi dado pelo ilustre engenheiro que separou dois mundos e realizou a tarefa inutilmente tentada há três mil anos por tantos soberanos. Fracassou mais tarde em uma empreitada idêntica: a velhice tinha chegado e diante dela tudo se extingue, até a vontade.

Para demonstrar o poder da vontade, bastaria apresentar detalhadamente a história das dificuldades superadas no momento da criação do canal de Suez. Uma testemunha ocular, o dr. Cazalis, resumiu em algumas linhas impressionantes a síntese dessa grande obra, narrada por seu autor imortal. "E ele contava diariamente, por episódios, a epopéia do canal. Contava tudo o que tivera de vencer, todo o impossível que tornara possível, todas as resistências, as coalisões contra ele e os dissabores, os reveses, as derrotas, que nunca conseguiram desanimá-lo ou abatê-lo; lembrava a Inglaterra, combatendo-o e atacando-o sem trégua, o Egito e a França vacilante, e o cônsul da França obstruindo mais que qualquer outro os primeiros trabalhos, e como lhe opunham resistência, controlando os operários pela sede, recusando-lhes água doce; e o ministério da Marinha e os engenheiros, todos homens sérios, experientes e doutos, naturalmente hostis e cientificamente certos do desastre, calculando-o e prometendo-o como se promete o eclipse para tal dia ou tal hora."

O livro que contasse a vida de todos esses grandes líderes conteria poucos nomes; mas esses nomes estiveram à frente dos acontecimentos mais importantes da civilização e da história.

2. Os meios de ação dos líderes: a afirmação, a repetição, o contágio

Quando se trata de arrastar uma multidão por um instante e persuadi-la a cometer um ato qualquer, pilhar um palácio, deixar-se massacrar para defender uma barricada, é preciso agir sobre ela por meio de sugestões rápidas. A mais enérgica ainda é o exemplo. É necessário então que a multidão já esteja preparada por certas circunstâncias e que aquele que deseja arrastá-la possua a qualidade que analisarei adiante, denominada prestígio.

Quando se trata de fazer penetrar lentamente idéias e crenças no espírito das multidões – as teorias sociais modernas, por exemplo – os métodos dos líderes são diferentes. Eles recorrem principalmente aos três seguintes procedimentos: a afirmação, a repetição e o contágio. Sua ação é bastante lenta, mas os efeitos são duradouros.

A afirmação pura e simples, livre de todo raciocínio e de toda prova, constitui um meio garantido de fazer uma idéia penetrar no espírito das multidões. Quanto mais concisa, desprovida de provas e de demonstração for a afirmação, mais autoridade ela terá. Os livros religiosos e os códigos de todos os tempos sempre procederam por simples afirmação. Os homens de Estado chamados a defender uma causa política qualquer, os industriais propagando seus produtos em anúncios conhecem o valor da afirmação.

Entretanto, essa somente adquire real influência se for constantemente repetida, e o máximo possível nos mesmos termos. Napoleão dizia que existe apenas uma única importante figura de retórica, a repetição. Pela repetição, a coisa afirmada chega a se estabelecer nos espíritos a ponto de ser aceita como uma verdade demonstrada.

Compreende-se bem a influência da repetição sobre as multidões ao ver o poder que exerce sobre os espíritos mais esclarecidos. De fato, a coisa repetida acaba por se incrustar nas regiões profundas do inconsciente onde as motivações de nossas ações são elaboradas. Ao cabo de algum tempo, esquecendo quem é o autor da asserção repetida, acabamos por acreditar nela. Assim se explica a espantosa força do anúncio. Depois de termos lido cem vezes que o melhor chocolate é o chocolate X..., imaginamos tê-lo ouvido dizer freqüentemente e acabamos tendo certeza disso. Persuadidos por mil afirmações de que a farinhaY... curou as pessoas mais importantes das doenças mais tenazes, acabamos tentados a experimentá-la no dia em que adoecemos de uma doença do mesmo gênero. À força de lermos repetidamente no mesmo jornal que A... é um perfeito tratante e B... um homem muito correto, chegamos a nos convencer disso, contanto que, bem entendido, não leiamos freqüentemente um outro jornal de opinião contrária, em que os dois qualificativos estejam invertidos. A afirmação e a repetição são por si mesmas suficientemente poderosas para se poder combater.

Quando uma afirmação foi suficiente e unanimamente repetida, tal como acontece com certas empresas financeiras que compram todas as concorrências, forma-se o que se denomina uma corrente de opinião e intervém o poderoso mecanismo do contágio. Nas multidões, as idéias, os sentimentos, as emoções, as crenças possuem um poder de contágio tão intenso quanto o dos micróbios. Esse fenômeno é observável nos próprios animais desde que estejam reunidos em multidão. O tique de um cavalo em uma estrebaria é rapidamente imitado pelos outros cavalos da mesma estrebaria. Um susto, um movimento desordenado de alguns carneiros logo se espalha para o rebanho todo. O contágio das emoções explica a subitaneidade do pânico geral. As desordens cerebrais, como a loucura, também se propagam pelo contágio. Conhece-se a freqüência da alienação entre os médicos alienistas. Citam-se inclusive formas de loucura – a agorafobia, por exemplo – transmitidas do homem aos animais.

O contágio não exige a presença simultânea de indivíduos em um mesmo ponto; pode se dar à distância sob a influência de certos acontecimentos que orientam os espíritos num mesmo sentido e lhes conferem as características específicas das multidões, sobretudo quando já estão preparados pelos fatores longínquos que estudei acima. Assim, por exemplo, a explosão revolucionária de 1848, iniciada em Paris, estendeu-se bruscamente a uma grande parte da Europa e abalou diversas monarquias[1].

A imitação, à qual se atribui tanta influência nos fenômenos sociais, não passa na realidade de um mero efeito do contágio. Já tendo mostrado em outro lugar seu papel, limitar-me-ei a reproduzir o que disse dela há muito tempo e que depois foi desenvolvido por outros escritores:

"Semelhante aos animais, o homem é naturalmente imitativo. A imitação constitui para ele uma necessidade, contanto que, claro, essa imitação seja fácil; dessa necessidade nasce a influência da moda. Quer se trate de opiniões, idéias, manifestações literárias ou simplesmente de costumes, quantos ousam se subtrair ao seu domínio? As multidões são guiadas por modelos, não por argumentos. Em cada época, um reduzido número de individualidades imprime sua ação, que a massa inconsciente imita. Entretanto, essas individualidades não devem se afastar muito das idéias preestabelecidas. Imitá-las tornar-se-ia então muito difícil e sua influência seria nula. É exatamente por isso que os homens muito superiores à sua época geralmente não têm qualquer influência sobre ela. A distância é muito grande. Por essa mesma razão os europeus, com todas as vantagens de sua civilização, exercem uma influência insignificante sobre os povos do Oriente.

"A dupla ação do passado e da imitação recíproca acaba por tornar todos os homens de um mesmo país e de

1. Ver minhas últimas obras: *Psychologie politique* [*Psychologia política*], *Les opinions et croyances* [*As opiniões e as crenças*], *Révolution française* [*Revolução Francesa*].

uma mesma época a tal ponto semelhantes que, mesmo entre os que mais pareceriam dever se subtrair a isso – filósofos, sábios e literatos –, o pensamento e o estilo possuem um ar familiar que permite reconhecer de imediato o tempo a que pertencem. Um instante de conversa com um indivíduo qualquer basta para conhecer a fundo suas leituras, suas ocupações habituais e o meio onde vive."[2]

O contágio é poderoso o bastante para impor aos homens não somente certas opiniões como também certos modos de sentir. Faz com que uma determinada obra seja desprezada numa época, como o *Tannhäuser* por exemplo, e alguns anos mais tarde admirada justamente por aqueles que mais a denegriram.

As opiniões e as crenças propagam-se pelo mecanismo do contágio e muito pouco pelo do raciocínio. É na taverna, por afirmação, repetição e contágio, que as atuais opiniões dos operários se estabelecem. As crenças das multidões de todas as épocas não foram criadas de outro modo. Renan compara corretamente os primeiros fundadores do cristianismo "aos operários socialistas que divulgam suas idéias de taberna em taberna"; e Voltaire já havia observado a propósito da religião cristã que "somente a mais vil canalha a abraçara por mais de cem anos".

Nos exemplos análogos aos que acabo de citar, o contágio, após ocorrer nas camadas populares, passa em seguida para as camadas superiores da sociedade. É assim que, atualmente, as doutrinas socialistas começam a ganhar aqueles que seriam, entretanto, suas primeiras vítimas. Diante do mecanismo do contágio, o próprio interesse pessoal desaparece.

---

2. Gustave LE BON, *L' homme et les sociétés* [O homem e as sociedades], t. II, p. 116, 1881.

Por isso toda opinião que se tornou popular acaba por se impor às camadas sociais elevadas, por mais visível que seja o absurdo da opinião triunfante. Essa reação das camadas sociais inferiores sobre as camadas superiores é ainda mais curiosa porque as crenças da multidão quase sempre derivam de alguma idéia superior, que geralmente não chegou a ter influência no meio em que surgiu. Subjugados por essa idéia superior, os líderes dela se apoderam, deformam-na e criam uma seita que a deforma novamente e depois a difunde cada vez mais deformada nas multidões. Transformada em verdade popular, ela de certo modo remonta às suas origens e então age sobre as camadas elevadas de uma nação. Decididamente, é a inteligência que guia o mundo, mas na verdade guia-o de muito longe. Os filósofos criadores de idéias há muito já retornaram ao pó quando, mediante o mecanismo que acabei de descrever, seu pensamento acaba por triunfar.

3. O prestígio

Se as opiniões propagadas pela afirmação, a repetição e o contágio são muito potentes é porque acabam adquirindo o misterioso poder denominado prestígio.

Tudo o que dominou no mundo, idéias ou homens, impôs-se principalmente pela força irresistível que a palavra prestígio exprime. Embora todos entendamos o sentido desse termo, ele é aplicado de maneiras diversas demais para que seja fácil defini-lo. O prestígio pode englobar certos sentimentos tais como a admiração e o temor, que inclusive constituem às vezes sua base, mas pode perfeitamente existir sem eles. Pessoas mortas e que portanto não poderíamos temer, como Alexandre, César, Maomé,

Buda, possuem um considerável prestígio. Por outro lado, certas ficções que não admiramos, as monstruosas divindades dos templos subterrâneos da Índia, por exemplo, parecem-nos contudo revestidas de grande prestígio.

O prestígio é na realidade uma espécie de fascínio que um indivíduo, uma obra ou uma doutrina exerce sobre nosso espírito. Esse fascínio paralisa todas as nossas faculdades críticas e enche nossa alma de assombro e respeito. Os sentimentos assim provocados são inexplicáveis, como todos os sentimentos, mas provavelmente da mesma ordem que a influência sofrida por um sujeito magnetizado. O prestígio é o motor mais poderoso de toda dominação. Os deuses, os reis e as mulheres nunca teriam reinado sem ele.

As diversas variedades de prestígio podem ser reduzidas a duas formas principais: o prestígio adquirido e o prestígio pessoal. O prestígio adquirido é aquele que conferem o nome, a fortuna e a reputação. Pode ser independente do prestígio pessoal. O prestígio pessoal, ao contrário, constitui algo individual, que às vezes coexiste com a reputação, a glória ou a fortuna ou é reforçado por elas, mas pode perfeitamente existir de maneira independente.

O prestígio adquirido, ou artificial, é de longe o mais difundido. Pelo simples fato de ocupar certa posição, possuir certa fortuna, revestir-se de certos títulos, um indivíduo é aureolado com prestígio, por mais nulo que possa ser seu valor pessoal. Um militar de uniforme, um magistrado de toga sempre possuem prestígio. Pascal notou, com razão, a necessidade que os juízes têm das togas e das perucas. Sem elas perderiam grande parte de sua autoridade. O socialista mais feroz emociona-se com a visão de um príncipe ou de um marquês; e tais títulos bastam para extorquir de um comerciante tudo o que se quiser[3].

O prestígio do qual acabo de falar é exercido pelas pessoas; podemos colocar ao seu lado aquele exercido pelas opiniões, pelas obras literárias ou artísticas etc. Trata-se amiúde apenas de repetição acumulada. Sendo a história, a história literária e artística sobretudo, apenas a repetição dos mesmos juízos que ninguém procura controlar, cada um acaba por repetir o que aprendeu na escola. Existem certos nomes e certas coisas em que ninguém ousaria tocar. A obra de Homero desperta no leitor moderno um incontestável e imenso tédio; mas quem ousaria dizê-lo? O Partenon, em seu atual estado, é uma ruína bastante desprovida de interesse; mas possui tamanho prestígio que só conseguimos vê-lo com todo o seu cortejo de lembranças históricas. É próprio do prestígio impedir que as coisas sejam vistas tais como são e paralisar nossos juízos. As multidões sempre, os indiví-

---

3. A influência dos títulos, das condecorações, dos uniformes sobre as multidões ocorre em todos os países, mesmo naqueles em que o sentimento da independência pessoal é muito desenvolvido. Reproduzo a esse propósito uma curiosa passagem do livro de um viajante sobre o prestígio de alguns personagens na Inglaterra.

"Em diversos encontros, percebi o especial embevecimento que os ingleses mais razoáveis experimentam ao contato ou à vista de um par do reino. Desde que seu estado sustente sua posição, amam-no de antemão e, postos em sua presença, suportam tudo dele, encantados. Sua aproximação os faz corar de prazer e se lhes dirige a palavra, sua alegria aumenta-lhes o rubor e faz brilhar seus olhos com um fulgor inabitual. Possuem o lorde no sangue, por assim dizer, como o espanhol a dança, o alemão a música e o francês a Revolução. Sua paixão pelos cavalos e Shakespeare é menos violenta, a satisfação e o orgulho que deles obtêm menos fundamental. O Livro do Pariato tem grande saída e por mais longe que se vá, o encontramos, como a Bíblia, em todas as mãos."

duos geralmente, têm necessidade de opiniões prontas. O sucesso dessas opiniões independe da verdade ou do erro que contenham; reside unicamente em seu prestígio.

Passemos agora para o prestígio pessoal. De natureza muito diferente do prestígio artificial ou adquirido, constitui uma faculdade independente de todo título, de toda autoridade. As poucas pessoas que o possuem exercem um fascínio verdadeiramente magnético sobre os que as cercam, aí incluídos seus iguais, e obedece-se a elas como o animal feroz obedece ao domador que tão facilmente poderia devorar.

Os grandes líderes de homens, Buda, Jesus, Maomé, Joana d'Arc, Napoleão, possuíram em alto grau essa forma de prestígio. Foi sobretudo através dela que se impuseram. Os deuses, os heróis e os dogmas são impostos e não se discutem: podem até desvanecer se forem questionados.

Os personagens que acabo de citar possuíam seu poder de fascinação bem antes de se tornarem ilustres, e sem ele não teriam se tornado ilustres. Napoleão, no auge da glória, exercia um imenso prestígio apenas por causa de seu poder; desse prestígio, porém, já estava em parte dotado no início de sua carreira. Quando, general desconhecido, foi enviado por recomendação para comandar o exército da Itália, caiu em meio a rudes generais dispostos a dar uma dura acolhida ao jovem intruso enviado pelo Diretório. Desde o primeiro minuto, desde o primeiro encontro, sem frases, sem gestos, sem ameaças, ao primeiro olhar do futuro grande homem, estavam domados. Taine faz um curioso relato desse encontro, baseado nas memórias dos contemporâneos.

> Os generais de divisão, entre outros Augereau, espécie de soldado heróico e grosseiro, orgulhoso de sua alta estatura e bravura, chegam ao quartel-general muito mal-hu-

> morados com o pequeno arrivista enviado de Paris. Com base na descrição que dele lhes fizeram, Augereau é injurioso, insubordinado de antemão: um favorito de Barras, um general do vindemiário, um general plebeu, considerado um urso porque está sempre a pensar sozinho, de má aparência, reputação de matemático e de sonhador. São introduzidos e Bonaparte os faz esperar. Finalmente aparece, espada na cintura, põe o chapéu, explica suas disposições, lhes dá suas ordens e os dispensa. Augereau ficou mudo; somente fora é que se recompõe e repete suas ordinárias blasfêmias; concorda, com Massena, que aquele generalzinho de m... lhe meteu medo; não consegue entender a ascendência com que se sentiu esmagado ao primeiro olhar.

Tendo se tornado um grande homem, seu prestígio foi acrescido de toda a sua glória e se igualou ao de uma divindade para os devotos. O general Vandamme, soldado revolucionário, ainda mais brutal e mais enérgico do que Augereau, dizia dele ao marechal d'Ornano, em 1815, um dia em que subiam juntos a escada das Tulherias:

"Meu caro, o diabo desse homem exerce sobre mim um fascínio que não entendo, a ponto de eu, que não temo nem a deus nem ao diabo, ficar prestes a tremer feito criança quando me aproximo dele, e ele me faria passar pelo buraco de uma agulha para me jogar ao fogo."

Napoleão exerceu o mesmo fascínio sobre todos os que dele se aproximaram[4].

---

4. Muito consciente de seu prestígio, o Imperador sabia aumentá-lo tratando um pouco pior do que os palafreneiros os grandes personagens que o cercavam, dentre os quais figuravam vários dos célebres convencionais, tão temidos na Europa. Os relatos da época estão cheios de fatos significativos a esse respeito. Um dia, em pleno Conselho de Estado, Napoleão maltratou Beugnot grosseiramente, tratando-o como

> Davout dizia, falando do devotamento de Maret e do seu próprio: "Se o Imperador dissesse a nós dois: no interesse de minha política é importante destruir Paris sem que ninguém saia e escape, Maret guardaria segredo, estou certo, mas não poderia se impedir de comprometê-lo fazendo sua família fugir. Pois bem! eu, por medo de que o descobrissem, deixaria lá minha mulher e meus filhos."

Esse espantoso poder de fascinação explica o maravilhoso retorno da ilha de Elba; a conquista imediata da França por um homem isolado, lutando contra todas as forças organizadas de um grande país, que supostamente estava cansado de sua tirania. Bastou-lhe olhar para os generais que tinham sido enviados para capturá-lo. Todos se submeteram a ele sem discussão.

> Napoleão, escreve o general inglês Wolseley, partindo da pequena ilha de Elba que era seu reino, desembarca na França quase sozinho como um fugitivo, e consegue em poucas semanas perturbar, sem derramamento de sangue, toda a organização do poder da França sob seu rei legítimo: alguma vez a ascendência pessoal de um homem se afirmou de modo tão espantoso? Porém, do começo ao fim dessa campanha, que foi sua última, quão notável foi também a ascendência exercida sobre os aliados, obrigando-os a seguir suas iniciativas, e quão pouco faltou para que os esmagasse?

---

um criado mal-educado. Depois de produzido o efeito que buscava, aproximou-se dele e disse: "Pois bem, grande imbecil, achou sua cabeça?" Diante disso, Beugnot, alto como um tambor-mor, curva-se até em baixo e o homenzinho, erguendo o braço, segura o homenzarrão pela orelha, "sinal de favor inebriante", escreve Beugnot, "gesto familiar do senhor que se humaniza". Esses exemplos dão uma noção clara do grau de subserviência que o prestígio pode provocar. Mostram o imenso desprezo do grande déspota pelos homens de seu meio.

Seu prestígio sobreviveu a ele e continuou a crescer. Foi ele quem fez consagrar imperador um obscuro sobrinho seu. Diante do ressurgimento de sua lenda nos dias atuais, constata-se até que ponto essa grande sombra ainda é poderosa. Maltrate os homens, massacre milhões deles, comande invasões e mais invasões, tudo é permitido se você possuir um grau suficiente de prestígio e o talento necessário para mantê-lo.

Invoquei aqui sem dúvida um exemplo de prestígio absolutamente excepcional, mas que era útil para entender a gênese das grandes religiões, das grandes doutrinas e dos grandes impérios. Sem o poder exercido pelo prestígio sobre a multidão, essa gênese permaneceria incompreensível.

Mas o prestígio não se funda unicamente na ascendência pessoal, na glória militar e no terror religioso: pode ter origens mais modestas e, entretanto, ainda ser considerável. Nosso século fornece muitos exemplos. Um deles, que a posteridade sempre lembrará, foi dado pela história do célebre homem já citado que modificou a face do globo e as relações comerciais entre os povos separando dois continentes. Ele obteve sucesso em seu empreendimento graças a sua imensa vontade, mas também por causa do fascínio que exercia sobre todo o seu círculo. Para vencer a oposição unânime, bastava ele aparecer, falar por um instante e, sob efeito do encanto exercido, os opositores tornavam-se amigos. Os ingleses sobretudo combatiam seu projeto encarniçadamente, mas sua presença na Inglaterra bastou para conseguir uma adesão completa. Quando, mais tarde, passou por Southampton, os sinos dobraram em sua homenagem. Tendo vencido tudo, homens e coisas, não acreditava mais em obstáculos e quis recomeçar Suez no Panamá com os mesmos meios; mas a fé que move montanhas move-as apenas na condição de não serem muito altas. As montanhas resistiram e a catástrofe que se seguiu destruiu a deslumbrante auréola de glória que envolvia o herói. Sua vida ensina como o prestígio pode crescer e desaparecer. Após ter igualado em grandeza os mais célebres personagens históricos, foi rebaixado pelos magistrados de seu país ao nível dos criminosos mais vis. Seu caixão passou isolado no meio das multidões indiferentes. Somente os soberanos estrangeiros renderam homenagem à sua memória[5].

---

5. Um jornal estrangeiro, a *Neue Freie Presse* (de Viena), teceu a respeito do destino de Lesseps reflexões que revelam uma psicologia muito judiciosa e que, por essa razão, reproduzo aqui:

> "Após a condenação de Ferdinand de Lesseps, já não temos o direito de nos espantar com o triste fim de Cristóvão Colombo. Se Ferdinand de Lesseps é um escroque, toda nobre ilusão é um crime. A Antiguidade teria coroado a memória de Lesseps com uma auréola de glória, e lhe teria feito beber da taça de néctar, no meio do Olimpo, pois ele mudou a face da terra e realizou obras que aperfeiçoam a criação. Condenando Ferdinand de Lesseps, o presidente da Corte Superior fez-se imortal, pois os povos sempre perguntarão o nome do homem que não temeu rebaixar seu século para vestir o uniforme de presidiário no ancião cuja vida foi a glória dos contemporâneos.
>
> "Que doravante não nos falem mais de justiça inflexível ali onde reina o ódio burocrático contra as grandes obras ousadas. As nações têm necessidade desses homens audaciosos que acreditam em si mesmos e superam todos os obstáculos, sem consideração por sua própria pessoa. O gênio não pode ser prudente; com a prudência nunca poderia ampliar o círculo da atividade humana.
>
> "Ferdinand de Lesseps conheceu a embriaguez do triunfo e a amargura das decepções: Suez e Panamá. Aqui, o coração revolta-se contra a moral do sucesso. Quando Lesseps conseguiu ligar dois mares, príncipes e nações lhe renderam homenagens; hoje, quando esbarra nos rochedos das Cordilheiras, não é nada mais que um vulgar escroque... Há aí uma guerra de classes da sociedade, um descontentamento de burocratas e empregados que se vingam mediante o código penal contra os que queriam se elevar acima dos outros... Os legisladores modernos se constrangem diante dessas grandes idéias do gênio humano; o público compreende-o menos ainda e é fácil para um promotor provar que Stanley é um assassino e Lesseps um impostor."

Os diversos exemplos que acabam de ser citados representam formas extremas. Para expor a psicologia do prestígio em seus detalhes, seria preciso examinar suas manifestações desde os fundadores de religiões e de impérios até o indivíduo que tenta deslumbrar seus vizinhos com uma veste nova ou condecoração.

Entre os termos últimos dessa série de manifestações estariam todas as formas do prestígio nos diversos elementos de uma civilização – ciências, artes, literatura etc. – e se veria, desse modo, que ele constitui o elemento fundamental da persuasão. O ser, a idéia ou a coisa que possui prestígio é, por via de contágio, imediatamente imitado e impõe a toda uma geração certos modos de sentir e de traduzir os pensamentos. Aliás, geralmente a imitação é inconsciente e é exatamente isso que a torna completa. Os pintores modernos, ao reproduzirem as cores apagadas e as rígidas atitudes de certos primitivos, não se questionam sobre a origem de sua inspiração; acreditam em sua própria sinceridade; no entanto, se um eminente mestre não tivesse ressuscitado essa forma de arte, ter-se-ia continuado a ver nela apenas seus aspectos ingênuos e inferiores. Aqueles que, a exemplo de um célebre inovador, inundam suas telas com sombras violetas, não vêem na natureza mais violeta que há cinqüenta anos, mas estão sugestionados pela impressão pessoal e peculiar de um pintor que conquistou grande prestígio. Exemplos similares poderiam ser facilmente encontrados em cada elemento da civilização.

Pelo que precede, nota-se que muitos fatores podem entrar na gênese do prestígio: um dos mais importantes sempre foi o sucesso. O homem bem-sucedido, a idéia que se impõe, deixam por esse motivo de ser contestados.

O prestígio sempre desaparece com o insucesso. O herói que a multidão aclamava na véspera, é escarnecido por ela no dia seguinte se a sorte não lhe foi propícia. A reação será inclusive tanto mais viva quanto maior tiver sido o prestígio. A multidão considera então o herói caído como um igual e se vinga por ter se inclinado diante de uma superioridade que ela já não reconhece. Robespierre, que mandou cortar o pescoço de seus colegas e de um grande número de contemporâneos, possuía imenso prestígio. A mudança de lado de alguns votos o fez perdê-lo imediatamente e a multidão o seguiu até a guilhotina com tantas imprecações quanto as que na véspera pronunciava ao acompanhar suas vítimas. É sempre com furor que os crentes quebram as estátuas de seus antigos deuses.

O prestígio perdido com o insucesso bruscamente se dissipa. Ele também pode se deteriorar pelo questionamento, mas lentamente. Não obstante, esse procedimento possui efeito mais garantido. O prestígio posto em dúvida já não é mais prestígio. Os deuses e os homens que souberam preservar por muito tempo seu prestígio nunca toleraram o questionamento. Para ser admirado pelas multidões, é preciso sempre mantê-las à distância.

CAPÍTULO IV

LIMITES DE VARIABILIDADE DAS CRENÇAS E DAS OPINIÕES DAS MULTIDÕES

1. As crenças fixas

Existe um estreito paralelismo entre as características anatômicas dos seres e suas características psicológicas. Nas características anatômicas encontramos alguns elementos invariáveis, ou tão pouco variáveis que é preciso a duração das eras geológicas para mudá-los. Ao lado dessas características fixas, irredutíveis, encontram-se outras muito móveis que o meio, a arte do criador de animais e do horticultor às vezes modificam a ponto de dissimular, para o observador pouco atento, as características fundamentais.

O mesmo fenômeno é observável no tocante às características morais. Ao lado dos elementos psicológicos irredutíveis de uma raça encontram-se elementos móveis e cambiantes. Por isso é que, ao estudar as crenças e as opiniões de um povo, sempre se constata um fundo muito fixo no qual se inserem opiniões tão móveis quanto a areia que recobre o rochedo.

As crenças e as opiniões das multidões formam assim duas classes bem distintas. De um lado, as grandes crenças permanentes, que se perpetuam por vários séculos e sobre as quais repousa uma civilização inteira, tais como, outrora, a concepção feudal, as idéias cristãs, as da Reforma e, atualmente, o princípio das nacionalidades, as idéias democráticas e sociais. De outro lado, as opiniões passageiras e mutáveis derivadas freqüentemente das concepções gerais que cada época vê surgir e morrer, tais como as teorias que guiam as artes e a literatura em certo momento, por exemplo, as que produziram o romantismo, o naturalismo etc. Tão superficiais quanto a moda, modificam-se como as pequenas ondas que nascem e desaparecem perpetuamente na superfície de um lago de águas profundas.

As grandes crenças gerais são em número bem restrito. Sua formação e extinção constituem para cada raça os pontos culminantes de sua história. São a verdadeira estrutura das civilizações.

Uma opinião passageira se estabelece facilmente na alma das multidões, mas é muito difícil ancorar nela uma crença duradoura e também muito difícil destruir esta última quando já se formou. Não se pode modificá-la senão ao preço de violentas revoluções e somente quando a crença perdeu quase inteiramente sua dominação sobre as almas. As revoluções servem então para rejeitar inteiramente crenças já praticamente abandonadas, mas que o jugo do costume impedia largar completamente. As revoluções que começam são na realidade crenças que terminam.

O dia exato em que uma grande crença está marcada para morrer é aquele em que seu valor começa a ser questionado. Como toda crença geral é uma ficção, só poderia subsistir na condição de escapar ao exame crítico.

Mas mesmo quando uma crença é fortemente abalada, as instituições que dela derivam conservam seu poder e só desaparecem lentamente. Quando finalmente perde completamente seu poder, tudo o que ela sustentava desaba. Ainda não foi dado a um povo modificar suas crenças sem ser imediatamente condenado a transformar os elementos de sua civilização.

Ele as transforma até adotar uma nova crença geral; até lá, vive forçosamente na anarquia. As crenças gerais são os suportes necessários das civilizações; imprimem uma orientação para as idéias e só elas podem inspirar a fé e criar o dever.

Os povos sempre perceberam a utilidade de adquirir crenças gerais e compreenderam instintivamente que seu desaparecimento marcaria para eles a hora da decadência. O culto fanático de Roma foi a crença que tornou os romanos senhores do mundo. Morta essa crença, Roma pereceu. Foi somente quando adquiriram algumas crenças comuns que os bárbaros, destruidores da civilização romana, alcançaram certa coesão e puderam sair da anarquia.

Não foi portanto sem motivo que os povos sempre defenderam suas convicções com intolerância. Muito criticável do ponto de vista filosófico, ela representa uma virtude na vida das nações. Foi para fundar ou manter crenças gerais que a Idade Média ergueu tantas fogueiras, que tantos inventores e inovadores morreram no desespero, quando evitavam os suplícios. Para defendê-las é que o mundo foi tantas vezes subvertido, que milhões de homens caíram e ainda cairão nos campos de batalha.

Dissemos que grandes dificuldades se opõem ao estabelecimento de uma crença geral, mas, definitivamente estabelecida, seu poder permanece por muito tempo invencível e, qualquer que seja sua falsidade filosófica, impõe-se aos espíritos mais luminosos. Durante quinze séculos os povos europeus consideram como verdades indiscutíveis lendas religiosas tão bárbaras[1], quando examinadas de perto, quanto as de Moloch. O medonho absurdo da lenda de um Deus que se vinga sobre seu filho, mediante horríveis suplícios, da desobediência de uma de suas criaturas, não foi percebido durante muitos séculos. Os mais poderosos gênios, um Galileu, um Newton, um Leibniz, não supuseram nem por um instante que a verdade de tais lendas pudesse ser questionada. Nada demonstra melhor a hipnotização produzida pelas crenças gerais, mas nada tampouco indica melhor os humilhantes limites de nosso espírito.

A partir do momento em que um novo dogma é implantado na alma das multidões, torna-se o inspirador de suas instituições, de sua arte e de sua conduta. Seu império sobre as almas é então absoluto. Os homens de ação sonham em realizá-lo, os legisladores em aplicá-lo, os filósofos, os artistas, os literatos preocupam-se em traduzi-lo sob diversas formas.

Da crença fundamental podem surgir idéias acessórias momentâneas, mas sempre carregam o sinal da fé da qual se originam. A civilização egípcia, a civilização da Idade Média, a civilização muçulmana dos árabes derivam de um pequeno número de crenças religiosas que imprimiram sua marca nos menores elementos dessas civilizações e permitem reconhecê-las de imediato.

Graças às crenças gerais, os homens de cada época estão cercados de uma rede de tradições, de opiniões e de costumes, de cujo jugo não conseguem escapar e que sempre os tornam um pouco parecidos entre si. Nem o

---

1. Bárbaras, filosoficamente falando. Na prática, criaram uma civilização inteiramente nova e por muitos séculos deixaram o homem entrever os paraísos encantados do sonho e da esperança que ele não conhecerá mais.

espírito mais independente pensa em se subtrair a elas. Não há tirania mais verdadeira do que aquela que se exerce inconscientemente sobre as almas, porque é a única que não pode ser combatida. Tibério, Gêngis Khan e Napoleão foram sem dúvida tiranos temíveis, mas, do fundo de seu túmulo, Moisés, Buda, Jesus, Maomé e Lutero exerceram um despotismo bem mais profundo sobre as almas. Uma conspiração pode abater um tirano, mas o que pode contra uma crença bem arraigada? Em sua luta violenta contra o catolicismo, apesar do aparente assentimento das multidões, apesar dos métodos de destruição tão impiedosos quanto os da Inquisição, nossa grande Revolução é que foi vencida. Os únicos verdadeiros tiranos da humanidade sempre foram as sombras dos mortos ou as ilusões que ela criou para si.

O absurdo filosófico de certas crenças gerais nunca foi, repito, um obstáculo ao seu triunfo, que, inclusive, só parece possível se elas contiverem algum misterioso absurdo. A evidente debilidade das crenças socialistas contemporâneas não impedirá que elas se implantem na alma das multidões. Sua verdadeira inferioridade em relação a todas as crenças religiosas decorre apenas disto: como o ideal de felicidade prometido por estas últimas só se realizaria numa vida futura, ninguém podia contestar essa realização. Como o ideal de felicidade socialista deve se realizar na terra, a vacuidade de suas promessas aparecerá desde as primeiras tentativas de realização e com isso a nova crença perderá todo o prestígio. Seu poder só crescerá, portanto, até o dia de sua implantação. Por isso é que se a nova religião, como todas as que a precederam, exerce inicialmente uma ação destrutiva, não poderá exercer em seguida um papel criador.

2. As opiniões móveis das multidões

Acima das crenças fixas, cujo poder acabamos de mostrar, há uma camada de opiniões, idéias, pensamentos que nascem e morrem constantemente. A duração de alguns deles é muito efêmera e os mais importantes não ultrapassam a vida de uma geração. Já dissemos que as mudanças que sobrevêm nessas opiniões são às vezes muito mais superficiais que reais e sempre trazem a marca das qualidades da raça. Considerando, por exemplo, as instituições políticas de nosso país, mostramos que os partidos aparentemente mais contrários – monarquistas, radicais, imperialistas, socialistas etc. – têm um ideal absolutamente idêntico, e que esse ideal depende exclusivamente da estrutura mental de nossa raça, visto que, sob nomes análogos, encontramos em outras nações um ideal oposto. O nome dado às opiniões, às adaptações enganosas não mudam o fundo das coisas. Os burgueses da Revolução, impregnados de literatura latina e que, de olhos fixos na república romana, adotaram suas leis, suas fasces e suas togas, não se tornaram romanos porque permaneceram sob o domínio de uma poderosa sugestão histórica.

O papel do filósofo é procurar o que subsiste das crenças antigas sob as mudanças aparentes e distinguir, na corrente instável das opiniões, os movimentos determinados pelas crenças gerais e pela alma da raça.

Sem esse critério, poder-se-ia acreditar que as multidões mudam de crenças políticas ou religiosas freqüentemente e à vontade. Toda a história, política, religiosa, artística, literária, parece, com efeito, demonstrá-lo.

Tomemos por exemplo um curto período, de 1790 a 1820, isto é, trinta anos, a duração de uma geração. Vemos as multidões, inicialmente monarquistas, se tornarem revolucionárias, depois imperialistas, depois novamente monarquistas. Na religião, evoluem durante o mesmo período do catolicismo ao ateísmo, depois ao deísmo, retornando depois às formas mais exageradas do catolicismo. E não são somente as multidões, mas também seus dirigentes que sofrem semelhantes transformações. Vemos os grandes convencionais, inimigos jurados dos reis e que rejeitavam deuses e amos, tornarem-se humildes servidores de Napoleão e em seguida carregar piedosamente círios nas procissões sob Luís XVIII.

E durante os setenta anos seguintes, quantas mudanças ainda nas opiniões das multidões. A "Pérfida Albion" do início desse século torna-se aliada da França sob o herdeiro de Napoleão; a Rússia, duas vezes em guerra conosco, e que tanto tinha aplaudido nossos últimos reveses, é subitamente considerada amiga.

Na literatura, na arte, na filosofia, as sucessões de opiniões mostram-se ainda mais rápidas. Romantismo, naturalismo, misticismo etc. nascem e morrem um atrás do outro. O artista e o escritor aclamados ontem são profundamente desdenhados amanhã.

Contudo, se analisarmos essas mudanças, aparentemente tão profundas, o que vemos? Todos aquelas que são contrárias às crenças gerais e aos sentimentos da raça possuem apenas efêmera duração, e o rio desviado logo retoma seu curso. As opiniões que não se vinculam a nenhuma crença geral, a nenhum sentimento da raça e que conseqüentemente não poderiam ter solidez alguma, ficam à mercê de todos os acasos ou, se preferirem, das menores mudanças do meio. Formadas com a ajuda da sugestão e do contágio, são sempre momentâneas e nascem e desaparecem às vezes tão rapidamente como as dunas de areia formadas pelo vento à beira-mar.

Atualmente, a quantidade de opiniões móveis das multidões é maior do que nunca; e isso por três razões diferentes.

A primeira é que as antigas crenças, ao perderem progressivamente seu domínio, já não atuam como antigamente sobre as opiniões passageiras para lhes dar uma certa orientação. O desaparecimento das crenças gerais dá lugar a uma profusão de opiniões individuais sem passado nem futuro.

A segunda razão é que o poder crescente das multidões encontra cada vez menos contrapeso e sua extrema mobilidade de idéias pode se manifestar livremente.

Finalmente, a terceira razão é a recente difusão da imprensa, que faz passar incessantemente sob os olhos as opiniões mais contrárias. As sugestões produzidas por cada uma delas são logo destruídas por sugestões opostas. Portanto, nenhuma opinião chega a se espalhar e estão todas fadadas a uma existência efêmera. Morrem antes de terem podido se propagar o suficiente para se tornarem gerais.

Dessas diversas causas resulta um fenômeno muito novo na história do mundo e muito característico dos tempos atuais: refiro-me à impotência dos governos em dirigir a opinião.

Antigamente, e esse antigamente não está muito distante, a ação dos governos, a influência de alguns escritores e de um pequeno número de jornais constituíam os verdadeiros reguladores da opinião. Hoje, os escritores perderam toda influência e os jornais não fazem mais que refletir a opinião. Quanto aos chefes de Estado, longe de dirigi-la, procuram apenas segui-la. Seu temor à opinião chega às vezes ao terror e elimina toda solidez de sua conduta.

A opinião das multidões tende portanto a se tornar cada vez mais o supremo regulador da política. Chega atualmente a impor alianças, como vimos a respeito da aliança russa, quase que exclusivamente originada de um movimento popular.

É um sintoma muito curioso ver atualmente como papas, reis e imperadores se submetem ao mecanismo da *interview* para expor seu pensamento sobre certo tema ao julgamento das multidões. Antigamente se dizia que a política não era coisa de sentimentos. Acaso ainda se poderia dizê-lo atualmente vendo-a adotar como guia os impulsos das multidões móveis que ignoram a razão e são dirigidas apenas pelo sentimento?

Quanto à imprensa, que antes dirigia a opinião, ela teve, assim como os governos, de ceder lugar ao poder das multidões. Seu poder é decerto considerável, mas somente porque reflete exclusivamente as opiniões populares e suas incessantes variações. Transformada em simples agência de informação, renuncia a impor alguma idéia, alguma doutrina. Segue todas as mudanças do pensamento público, e as exigências da concorrência obrigam-na a isso sob o risco de perder leitores. Os velhos órgãos solenes e influentes de antigamente, cujos oráculos eram ouvidos piedosamente pela geração anterior à nossa, desapareceram ou se transformaram em folhas informativas rodeadas de divertidas crônicas, de falatório mundano e de publicidade financeira. Qual seria hoje o jornal rico o suficiente para permitir aos seus redatores opiniões pessoais, e que autoridade essas opiniões teriam entre seus leitores que querem tão-somente se informar ou se divertir e que, por trás de cada recomendação, entrevêem sempre o especulador? A crítica não tem nem mais o poder de lançar um livro ou uma peça de teatro. Ela pode prejudicar, não servir. Os jornais são tão conscientes da inutilidade de qualquer opinião pessoal que de modo geral suprimiram as críticas literárias, limitando-se a fornecer o título do livro com duas ou três linhas de propaganda; daqui a vinte anos provavelmente acontecerá o mesmo com a crítica teatral.

Espiar a opinião pública tornou-se hoje a preocupação essencial da imprensa e dos governos. Que efeito produzirá certo acontecimento, certo projeto legislativo, certo discurso, eis o que é preciso saber; não é fácil, pois nada é mais móvel e mais mutável que o pensamento das multidões. Vemo-las receber com anátemas o que tinham aclamado na véspera.

Essa ausência total de direção da opinião e, ao mesmo tempo, a dissolução das crenças gerais tiveram por resultado final um completo esfacelamento de todas as convicções e a indiferença crescente, tanto das multidões como dos indivíduos, quanto ao que não afeta claramente seus interesses imediatos. As questões doutrinais, como o socialismo, só recrutam defensores realmente convictos nas camadas iletradas: operários das minas e das fábricas, por exemplo. O pequeno burguês, o operário levemente instruído tornaram-se céticos demais.

A mudança que assim se operou nos últimos trinta anos é surpreendente. No período anterior, embora não muito distante, as opiniões ainda possuíam uma orientação geral, derivavam da adoção de alguma crença fundamental. O simples fato de ser monarquista fatalmente gerava, tanto em história como nas ciências, algumas idéias inabaláveis, e o fato de ser republicano conferia idéias completamente opostas. Um monarquista sabia de ciência certa que o homem não descende do macaco, e um republicano sabia, de modo igualmente certo, que descende dele.

O monarquista devia falar da Revolução com horror e o republicano com veneração. Alguns nomes, tais como os de Robespierre e de Marat, deviam ser pronunciados com semblantes de devoção e outros, como os de César, Augusto e Napoleão não podiam ser articulados sem invectivas. Até em nossa Sorbonne prevalecia esse ingênuo modo de conceber a história.

Hoje em dia, toda opinião perde seu prestígio diante da discussão e da análise; suas asperezas rapidamente se atenuam e sobrevivem poucas idéias capazes de nos apaixonar. O homem moderno é invadido cada vez mais pela indiferença.

Não deploremos em excesso esse desgaste geral das opiniões. Que isso seja um sintoma de decadência na vida de um povo é algo incontestável. Os visionários, os apóstolos, os líderes, em suma, os convictos, têm certamente uma força bem diferente da dos negadores, dos críticos e dos indiferentes: mas não esqueçamos que com o atual poder das multidões, se uma única opinião obtivesse suficiente prestígio para se impor, ela logo seria revestida de um poder tão tirânico que tudo teria de se dobrar imediatamente diante dela. A era da livre discussão se fecharia então por muito tempo. As multidões representam às vezes senhores pacíficos, como foram em suas épocas Heliogábalo e Tibério, mas também possuem furiosos caprichos. Uma civilização prestes a cair em suas mãos está à mercê de muitos acasos para que possa durar por muito tempo. Se alguma coisa houvesse que pudesse retardar um pouco a hora da derrocada seria exatamente a extrema mobilidade das opiniões e a crescente indiferença das multidões por todas as crenças gerais.

TERCEIRO LIVRO

CLASSIFICAÇÃO E DESCRIÇÃO DAS DIVERSAS CATEGORIAS DE MULTIDÕES

CAPÍTULO I
CLASSIFICAÇÃO DAS MULTIDÕES

Indicamos nesta obra as características gerais comuns às multidões. Resta estudar as características particulares superpostas a essas características gerais, conforme as diversas categorias de coletividade.

Exporemos inicialmente uma breve classificação das multidões.

Nosso ponto de partida será a simples aglomeração. Sua forma mais inferior manifesta-se quando se compõe por indivíduos pertencentes a raças diferentes. O que os une é apenas a vontade, mais ou menos respeitada, de um chefe. Podem ser citados como exemplo de tais aglomerações os bárbaros de diversas origens que durante vários séculos invadiram o Império Romano.

Acima dessas aglomerações sem coesão estão as que, sob a ação de certos fatores, adquiriram características comuns e acabaram por formar uma raça. Elas apresentarão eventualmente as características específicas das multidões, mas sempre contidas pelas da raça.

As diversas categorias de multidões observáveis em cada povo podem ser divididas do seguinte modo:

A) Multidões heterogêneas
- 1º *Anônimas* (multidões das ruas, por exemplo);
- 2º *Não anônimas* (júris, assembléias parlamentares etc.);

B) Multidões homogêneas
- 1º Seitas (seitas políticas, seitas religiosas etc.);
- 2º Castas (casta militar, casta sacerdotal, casta operária etc.);
- 3º Classes (classe burguesa, classe camponesa etc.).

Passaremos agora a indicar brevemente as características diferenciais das diversas categorias de multidões[1].

1. Multidões heterogêneas

Essas coletividades são aquelas cujas características estudamos anteriormente. Compõem-se de indivíduos quaisquer, seja qual for sua profissão ou sua inteligência.

Demonstramos nesta obra que a psicologia dos homens reunidos em multidão difere essencialmente de sua psicologia individual, e que a inteligência não intervém nessa diferenciação. Vimos que ela não cumpre nenhum papel nas coletividades e que são só os sentimentos inconscientes que agem.

Um fator fundamental, a raça, permite distinguir claramente as diversas multidões heterogêneas.

---

1. Detalhes sobre as diversas categorias de multidões encontram-se nas minhas últimas obras (*La psychologie politique, Les opinions et les croyances, Psychologie des révolutions* [Psicologia das revoluções]).

Já insistimos bastante sobre o papel da raça e mostramos que é o fator mais poderoso capaz de determinar as ações dos homens. Sua influência manifesta-se igualmente nas características das multidões. Uma multidão composta de indivíduos quaisquer, mas todos ingleses ou chineses, diferirá profundamente de outra composta igualmente por indivíduos quaisquer, mas de raças variadas: russos, franceses, espanhóis etc.

As profundas divergências criadas pela constituição mental hereditária no modo de sentir e de pensar dos homens irrompem quando certas circunstâncias, bem raras aliás, juntam numa mesma multidão, em proporções quase iguais, indivíduos de nacionalidades diferentes, por mais idênticos que aparentemente sejam os interesses que os reúnem. As tentativas dos socialistas de reunir em grandes congressos os representantes da população operária de cada país sempre resultaram nas mais furiosas discórdias. Uma multidão latina, por mais revolucionária ou conservadora que a suponhamos, irá invariavelmente apelar à intervenção do Estado para realizar suas exigências. Ela é sempre centralizadora e mais ou menos cesarista. A multidão inglesa ou americana, ao contrário, ignora o Estado e dirige-se somente à iniciativa privada. A multidão francesa preza sobretudo a igualdade, e a multidão inglesa a liberdade. Essas diferenças entre raças dão lugar a quase tantas espécies de multidão quantas nações existem.

Portanto, a alma da raça domina inteiramente a alma da multidão. É o poderoso *substratum* que limita as oscilações. *Quanto mais forte for a alma da raça, menos acentuadas serão as características das multidões*. Essa é uma lei essencial. O estado de multidão e a dominação das multidões constituem a barbárie ou o retorno à barbárie. Adquirindo uma alma solidamente constituída é que a raça escapa cada vez mais do poder irrefletido das multidões e sai da barbárie.

Além da raça, a única classificação importante a fazer para as multidões heterogêneas é separá-las em multidões anônimas, como as das ruas, e multidões não anônimas (as assembléias deliberantes e os jurados, por exemplo). O sentimento de responsabilidade, nulo entre os primeiros e desenvolvido nos segundos, proporciona a seus atos orientações freqüentemente diferentes.

2. Multidões homogêneas

As multidões homogêneas compreendem: 1.º *as seitas*; 2.º *as castas*; 3.º *as classes*.

A *seita* indica o primeiro grau na organização das multidões homogêneas. Compõe-se de indivíduos de educação, de profissões e meios às vezes muito diferentes, cujo único vínculo é o das crenças. É o caso, por exemplo, das seitas religiosas e políticas.

A *casta* representa o mais alto grau de organização de que a multidão é suscetível. Enquanto a seita é formada por indivíduos de profissões, educação e meios freqüentemente diferentes e unidos somente pela comunidade das crenças, a casta compreende apenas indivíduos da mesma profissão e, conseqüentemente, de educação e meios mais ou menos iguais. É o caso, por exemplo, da casta militar e sacerdotal.

A *classe* compõe-se de indivíduos de diversas origens, reunidos não pela comunidade das crenças, como os membros de uma seita, nem pela similaridade das ocupações profissionais, como os membros de uma casta, mas por certos interesses, certos hábitos de vida e de educação semelhantes. É o caso, por exemplo, da classe burguesa, da classe agrícola etc.

Como estudo nesta obra apenas as multidões heterogêneas, vou me ocupar somente de algumas categorias dessa variedade de multidões escolhidas como tipos.

CAPÍTULO II

AS MULTIDÕES DITAS CRIMINOSAS

Após um certo período de excitação, as multidões caem num estado de simples autômatos inconscientes conduzidos por sugestões, e por isso parece difícil qualificá-las em qualquer caso de criminosas. Entretanto, conservo esse qualificativo equivocado porque foi consagrado por pesquisas psicológicas. Certos atos das multidões são certamente criminosos se considerados em si mesmos, mas tanto quanto o ato de um tigre que devora um hindu depois de ter deixado seus filhotes o dilacerarem por diversão.

Os crimes das multidões geralmente decorrem de uma poderosa sugestão, e os indivíduos que deles tomam parte convencem-se em seguida de ter cumprido um dever. Esse não é absolutamente o caso do crime ordinário.

A história dos crimes cometidos pelas multidões evidencia o que acabo de afirmar.

Pode ser citado como exemplo típico o assassinato do governador da Bastilha, sr. de Launay. Após a tomada dessa fortaleza, o governador, cercado de uma multidão muito excitada, recebia golpes de todos os lados. Propunham enforcá-lo, cortar-lhe a cabeça ou atá-lo ao rabo de um cavalo. Debatendo-se, deu sem querer um pontapé em um dos presentes. Alguém propôs, e sua sugestão foi imediatamente aclamada pela multidão, que o indivíduo atingido cortasse o pescoço do governador.

"Este, cozinheiro desempregado, meio estúpido, que foi à Bastilha para ver o que estava acontecendo, julgou que, por ser esta a opinião geral, a ação era patriótica e acreditou até merecer uma medalha por destruir um monstro. Com um sabre que alguém lhe emprestou, golpeou o pescoço nu; mas como o sabre mal afiado não cortava, arrancou de seu bolso uma pequena faca de cabo preto e (como, na qualidade de cozinheiro, sabia trinchar carnes) completou a operação com sucesso."

Vê-se aqui claramente o mecanismo indicado anteriormente. Obediência a uma sugestão ainda mais poderosa por ser coletiva, convicção do assassino de haver realizado um ato muito meritório e convicção natural por ter a seu favor a aprovação unânime dos concidadãos. Semelhante ato pode ser legalmente, mas não psicologicamente, qualificado de criminoso.

As características gerais das multidões ditas criminosas são exatamente aquelas que constatamos em todas as multidões: sugestionabilidade, credulidade, mobilidade, exagero dos sentimentos bons ou maus, manifestação de certas formas de moralidade etc.

Encontramos todas essas características em uma das multidões que deixou uma das mais sinistras lembranças de nossa história: os "septembriseurs"*. Aliás, há muita semelhança entre ela e aquelas que fizeram a Noite de São

* Os "septembriseurs" foram revolucionários fanáticos que massacraram presos em setembro de 1792 em Paris. (N. da T.)

Bartolomeu. Tomo os detalhes do relato feito por Taine, que os extraiu das memórias da época.

Não se sabe exatamente quem deu a ordem ou sugeriu esvaziar as prisões e massacrar os prisioneiros. Que tenha sido Danton, como parece provável, ou outro, pouco importa; o único fato que nos interessa é o da poderosa sugestão recebida pela multidão encarregada do massacre.

O exército de algozes era composto de cerca de trezentas pessoas e constituía o tipo perfeito de uma multidão heterogênea. Com exceção de um número muito reduzido de bandidos profissionais, ele era composto sobretudo de comerciantes e artesãos de diversos ofícios: sapateiros, serralheiros, cabeleireiros, pedreiros, empregados, mensageiros etc. Sob a influência da sugestão recebida, estavam perfeitamente convencidos, como o cozinheiro citado acima, de realizar um dever patriótico. Desempenhavam uma dupla função, juízes e carrascos, e de modo algum se consideravam criminosos.

Convencidos da importância de seu papel, começaram por formar uma espécie de tribunal, e imediatamente o espírito simplista e a eqüidade não menos simplista das multidões apareceu. Devido ao número considerável de acusados, decidiu-se primeiro que os nobres, os padres, os oficiais, os criados do rei, isto é, todos os indivíduos cuja profissão é a única prova de culpa aos olhos de um bom patriota, seriam massacrados em grupo sem necessidade de decisão especial. Os outros seriam julgados pela aparência e reputação. Satisfeita assim a consciência rudimentar da multidão, ela pôde proceder legalmente ao massacre e dar livre curso aos instintos de ferocidade, cuja gênese mostrei anteriormente, que as coletividades têm o poder de desenvolver em alto grau. Eles de resto não impedirão

– como é a regra nas multidões – a manifestação concomitante de sentimentos opostos, tais como uma sensibilidade geralmente tão extrema quanto a ferocidade.

"Possuem a simpatia expansiva e a viva sensibilidade do operário parisiense. Na [prisão de] Abbaye, um federado, ao descobrir que os detentos estavam sem água fazia 26 horas, quis exterminar o carcereiro negligente e o teria feito se não fossem as súplicas dos próprios detentos. Quando um prisioneiro é absolvido (por seu tribunal improvisado), guardas e assassinos, todo o mundo o abraça com entusiasmo e o aplaude a não mais poder"; em seguida voltam para matar os outros. Durante o massacre, não cessa de reinar um agradável contentamento. Dançam e cantam em torno dos cadáveres e colocam bancos 'para as damas', todas felizes de ver matar os aristocratas. Também continuam a manifestar uma eqüidade especial. Depois que um assassino se queixou, na Abbaye, de que as damas sentadas um pouco longe viam mal e que somente alguns presentes tinham o prazer de bater nos aristocratas, aceitaram a justeza dessa afirmação e decidiram que as vítimas deviam passar lentamente entre duas fileiras de degoladores que só poderiam bater com o dorso do sabre, a fim de prolongar o suplício. Na [prisão de La] Force, as vítimas ficavam inteiramente nuas e eram retalhadas durante cerca de meia hora; depois, quanto todos as haviam visto bem, acabavam com elas abrindo-lhes o ventre.

Os algozes são, aliás, muito escrupulosos e manifestam a moralidade cuja existência no seio das multidões já assinalamos. Depositam sobre a mesa dos comitês o dinheiro e as jóias das vítimas.

Em todos os seus atos sempre encontramos essas formas rudimentares de raciocínio, características da alma das multidões. É assim que após a degola dos 1.200 ou 1.500 inimigos da nação, alguém observou, e imediatamente sua sugestão foi aceita, que as outras prisões, contendo velhos mendigos, vagabundos, jovens detentos, enclausuravam na realidade bocas inúteis, de que seria bom se livrar. Aliás, certamente figuram entre eles inimigos do povo, como por exemplo uma certa senhora Delarue, viúva de um envenenador: "Ela deve estar furiosa por estar na prisão; se pudesse, incendiaria Paris; ela deve tê-lo dito, ela o disse. Mais uma limpeza." A demonstração parece evidente e todos são massacrados em bloco, incluindo-se aí cerca de cinqüenta crianças de doze a dezessete anos que, aliás, poderiam ter se tornado inimigos da nação e conseqüentemente deviam ser eliminadas.

Após uma semana de trabalho, todas as operações estavam concluídas e os massacradores puderam pensar em descansar. Intimamente persuadidos de que haviam prestado importante serviço à pátria, foram reclamar uma recompensa às autoridades; os mais zelosos até exigiram uma medalha.

A história da Comuna de 1871 nos oferece vários fatos análogos. A crescente influência das multidões e as sucessivas capitulações dos poderes diante delas certamente fornecerão muitos outros.

CAPÍTULO III
OS JURADOS DE TRIBUNAL DE JÚRI

Não podendo estudar aqui todas as categorias de jurados, examinarei apenas a mais importante, a do tribunal de júri. Eles são um excelente exemplo de multidão heterogênea não anônima. Neles se encontram a sugestionabilidade, a predominância dos sentimentos inconscientes, a fraca aptidão para o raciocínio, a influência dos condutores etc. Ao estudá-los teremos a oportunidade de observar interessantes exemplos de erros que podem cometer as pessoas não iniciadas na psicologia das coletividades.

Os jurados proporcionam, em primeiro lugar, uma prova da pouca importância que tem, do ponto de vista das decisões, o nível mental dos diversos indivíduos que compõem a multidão. Vimos que numa assembléia deliberante chamada a dar sua opinião sobre uma questão que não tenha caráter inteiramente técnico, a inteligência não cumpre nenhuma função; e que uma reunião de sábios ou de artistas não emite, sobre temas gerais, juízos sensivelmente diferentes daqueles de uma assembléia de pedreiros. Em diversas épocas, a administração escolhia cuidadosamente as pessoas chamadas a compor o júri e as recrutava entre as classes esclarecidas: professores, funcionários, letrados etc. Hoje, o júri é formado sobretudo por pequenos comerciantes, pequenos empresários e empregados. Ora, para grande espanto dos escritores especializados, qualquer que seja a composição dos júris, as estatísticas mostram que suas decisões são idênticas. Os próprios magistrados, apesar de tão hostis à instituição do júri, tiveram de reconhecer a exatidão dessa afirmação. Eis como se exprime a esse respeito um antigo presidente de tribunal de júri, o sr. Bérard des Glajeux, em seus *Souvenirs*:

> Hoje as escolhas de jurados estão na realidade nas mãos dos conselheiros municipais, que admitem ou eliminam, a seu gosto, segundo as preocupações políticas e eleitorais inerentes à sua situação... A maioria dos escolhidos é composta de comerciantes menos importantes do que os selecionados outrora, e de empregados de algumas administrações... Como todas as opiniões se fundem com todas as profissões no papel de juiz, como muitos têm o ardor dos neófitos e os homens de mais boa vontade se encontram nas situações mais humildes, o espírito do júri não mudou: *seus veredictos permanecem os mesmos.*

Retenhamos dessa passagem as conclusões, que são muito justas, e não as explicações, que são muito fracas. Não é preciso se espantar com tal debilidade, pois a psicologia das multidões, e conseqüentemente a dos jurados, parece ter sido com freqüência ignorada tanto pelos advogados quanto pelos magistrados. A prova disso se encontra no fato relatado pelo mesmo autor: um dos mais ilustres advogados do tribunal de júri, Lachaud, fazia sistematicamente uso de seu direito de recusa com relação a todos os indivíduos inteligentes que faziam parte do júri. Ora, a experiência – e somente a experiência – acabou por mostrar a inteira inutilidade das recusas. Atualmente, o ministério público e os advogados, em Paris pelo menos, renunciaram completamente a esse direito; e, como mostra o sr. des Glajeux, os veredictos não mudaram, "não são nem melhores nem piores".

Como todas as multidões, os jurados são fortemente influenciáveis por sentimentos e muito pouco por raciocínios. Escreve um advogado: "Não resistem à visão de uma mulher dando de mamar ou a um desfile de órfãos." "Basta uma mulher ser agradável", diz o sr. des Glajeux, "para obter a benevolência do júri."

Impiedosos com os crimes que parecem poder atingi-los – e que, aliás, são exatamente os mais temíveis para a sociedade – os jurados mostram-se, ao contrário, muito indulgentes com os crimes chamados passionais. Raramente são severos com o infanticídio cometido por mães solteiras e menos ainda com a jovem abandonada que se vinga atirando ácido sulfúrico no seu sedutor. Sentem instintivamente que esses crimes são pouco perigosos para a sociedade e que em um país em que a lei não protege as jovens abandonadas, a vingança de uma delas é mais útil do que prejudicial, intimidando antecipadamente os futuros sedutores[1].

---

1. Notemos, de passagem, que essa divisão, muito bem feita instintivamente pelos jurados, entre os crimes socialmente perigosos e os outros crimes não é de modo algum desprovida de justiça. O objetivo das leis penais deve evidentemente ser o de proteger a sociedade contra os criminosos e não de vingá-la. Ora, nossos códigos, e sobretudo o espírito de nossos magistrados, ainda estão impregnados do espírito de vingança do velho direito primitivo. O termo vindita (*vindicta*, vingança) ainda é corrente. Prova dessa tendência dos magistrados é a recusa

Os júris, como todas as multidões, ficam muito deslumbrados com o prestígio, e o presidente des Glajeux nota corretamente que, embora muito democráticos em sua composição, mostram-se muito aristocráticos em suas predileções: "O nome, o nascimento, a grande fortuna, a fama, a assistência de um ilustre advogado, as coisas que distinguem e as coisas que reluzem constituem um considerável recurso na mão dos acusados."

Agir sobre os sentimentos dos jurados e, como com todas as multidões, raciocinar muito pouco ou empregar apenas formas rudimentares de raciocínio, deve ser a preocupação de um bom advogado. Um advogado inglês, célebre por seus sucessos no tribunal de júri, analisou muito bem esse método.

> Ele observa atentamente o júri enquanto faz a defesa. É o momento favorável. Com perspicácia e hábito, o advogado lê nas fisionomias o efeito de cada frase, de cada palavra, e tira suas conclusões. Trata-se em primeiro lugar de distinguir os membros já convencidos de antemão. Rapidamente, o defensor assegura o apoio deles e passa, em seguida, para os membros que, ao contrário, parecem menos favoráveis e se esforça para adivinhar por que se opõem ao acusado. É a parte delicada do trabalho, pois pode haver uma infinidade de razões para se ter vontade de condenar um homem, afora o sentimento da justiça.

Essas linhas resumem muito corretamente o objetivo da arte oratória e nos mostram também a inutilidade dos

---

de muitos deles em aplicar a excelente lei Béranger, que permite ao condenado sofrer a pena somente se reincidir. Ora, nenhum magistrado pode ignorar, pois as estatísticas o demonstram, que a aplicação de uma primeira pena acarreta quase que infalivelmente a recidiva. Quando soltam um culpado, os juízes pensam que a sociedade não foi vingada. Preferem criar um reincidente perigoso a não vingá-la.

discursos preparados com antecedência, visto ser preciso modificar a cada instante os termos empregados, conforme a impressão produzida.

O orador não precisa conquistar todos os membros de um júri, somente os líderes que determinarão a opinião geral. Como em todas as multidões, um pequeno número de indivíduos conduz os outros. "Segundo minha experiência", diz o advogado que citei acima, "no momento de dar o veredicto, bastam um ou dois homens enérgicos para arrastar o resto do júri." São esses dois ou três que é preciso convencer por hábeis sugestões. Deve-se primeiro, e antes de tudo, agradá-los. O homem na multidão que nos vê com agrado está quase convencido e inteiramente disposto a considerar como excelentes quaisquer razões que lhe apresentemos. Em interessante trabalho sobre MM. Lachaud, lê-se a seguinte anedota:

> Sabe-se que durante as defesas que pronunciava nos tribunais de júri, Lachaud não perdia de vista os dois ou três jurados que sabia, ou sentia, serem influentes, mas recalcitrantes. Geralmente conseguia domá-los. Certa vez, no entanto, encontrou um na província a quem passou a atacar em vão com sua argumentação mais tenaz, por três quartos de hora: o primeiro do segundo banco, o sétimo jurado. Era desesperador! De repente, no meio de uma demonstração apaixonante, Lachaud pára e se dirige ao presidente do tribunal: "Senhor Presidente", diz ele, "seria possível mandar fechar a cortina ali em frente? O senhor sétimo jurado está ofuscado pelo sol." O sétimo jurado corou, sorriu, agradeceu. Estava conquistado pela defesa.

Muitos escritores, e dos mais eminentes, combateram fortemente nestes últimos tempos a instituição do júri, única proteção, entretanto, contra os erros verdadeiramente muito freqüentes de uma casta sem controle[2]. Alguns queriam um júri recrutado somente entre as classes esclarecidas; mas já provamos que mesmo nesse caso as decisões seriam idênticas às tomadas atualmente. Outros, baseando-se nos erros cometidos pelos jurados, queriam eliminá-los e substituí-los por juízes. Mas como podem esquecer que os erros de que o júri é acusado são sempre cometidos primeiro por juízes, visto que o acusado submetido a júri foi considerado culpado por vários magistrados: o juiz de instrução, o procurador da República e o tribunal de acusação. E não se percebe então que se o acusado fosse definitivamente julgado por magistrados e não por jurados, perderia sua única chance de ser reconhecido inocente. Os erros dos jurados sempre foram primeiro erros de magistrados. Logo, são somente estes que devem ser culpados quando deparamos com erros judiciários particularmente monstruosos como a condenação daquele doutor X..., que, perseguido por um juiz de instrução realmente muito limitado, devido à denúncia

---

2. Na realidade, a magistratura é a única instituição cujos atos não são submetidos a qualquer controle. Todas as revoluções da França democrática não conseguiram obter dela esse direito de *habeas corpus* de que a Inglaterra tanto se orgulha. Banimos os tiranos; mas em cada cidade um magistrado dispõe a seu bel-prazer da honra e da liberdade dos cidadãos. Um juizinho de instrução, recém-saído da faculdade de Direito, possui o poder revoltante de mandar para a prisão, por uma mera suspeita de culpa que ele não tem de justificar perante ninguém, os mais respeitáveis cidadãos. Pode prendê-los por seis meses ou até um ano pretextando as necessidades da instrução e soltá-los em seguida sem lhes dever nem indenização nem desculpas. A ordem de prisão é absolutamente equivalente à carta régia [*lettre de cachet*], com a diferença de que esta, à antiga monarquia tão justamente censurada, estava ao alcance apenas de grandes personalidades, enquanto hoje está nas mãos de toda uma classe de cidadãos, que está longe de ser a mais esclarecida e a mais independente.

de uma jovem meio idiota que acusava o médico de tê-la feito abortar por 30 francos, teria sido enviado à prisão se não fosse a explosão de indignação pública que o fez ser imediatamente indultado pelo chefe de Estado. A honorabilidade do condenado, proclamada por todos os seus concidadãos, tornava evidente o caráter grosseiro do erro, o que os próprios magistrados reconheceram; entretanto, pelo espírito de casta, esforçaram-se para impedir a assinatura do indulto. Em todos os casos análogos, acompanhados de detalhes técnicos que não entende, o júri escuta, naturalmente, o ministério público, pensando que, afinal, o processo foi instruído por magistrados habituados a todas as sutilezas jurídicas. Quem são então os verdadeiros autores do erro: os jurados ou os magistrados? Preservemos o júri cuidadosamente. Talvez ele seja a única categoria de multidão que nenhuma individualidade poderia substituir. Somente ele pode temperar as inexorabilidades da lei que, em princípio igual para todos, deve ser cega e ignorar os casos particulares. Refratário à piedade e conhecedor apenas dos textos, o juiz, com sua dureza profissional, condenaria à mesma pena o ladrão assassino e a moça pobre levada ao infanticídio pela miséria e pelo abandono de seu sedutor. Mas o júri sente instintivamente que a moça seduzida é muito menos culpada que o sedutor, o qual, entretanto, escapa à lei, e que ela merece sua indulgência.

Conhecendo a psicologia das castas e a das outras categorias de multidões, não imagino nenhuma situação em que, acusado injustamente de um crime, não preferisse submeter-me a jurados do que a magistrados. Eu teria muita chance de ser considerado inocente pelos primeiros e muito pouca pelos últimos. Receemos o poder das multidões, mas muito mais o de certas castas. Aquelas podem deixar-se convencer, estas nunca se dobram.

CAPÍTULO IV

AS MULTIDÕES ELEITORAIS

As multidões eleitorais, isto é, as coletividades convocadas a eleger os titulares de certas funções, são multidões heterogêneas; mas, como atuam apenas sobre um único ponto determinado – escolher entre diversos candidatos – nelas se observam somente algumas das características precedentemente descritas. As principais são fraca aptidão para o raciocínio, ausência de espírito crítico, irritabilidade, credulidade e simplismo. Descobre-se também nas suas decisões a influência dos líderes e a presença dos fatores precedentemente enumerados: afirmação, repetição, prestígio e contágio.

Investiguemos como são seduzidas. A partir dos procedimentos mais bem-sucedidos deduziremos claramente sua psicologia.

A primeira qualidade que o candidato deve possuir é o prestígio. O prestígio pessoal só pode ser substituído pelo da fortuna. O talento, o próprio gênio não são elementos de sucesso.

Essa necessidade de o candidato se revestir de prestígio, e poder por conseguinte se impor sem discussão, é capital. Se os eleitores, compostos sobretudo de operários e camponeses, tão raramente escolhem um dos seus para representá-los é porque as personalidades oriundas de suas fileiras não têm para eles nenhum prestígio. Nomeiam um semelhante apenas por razões acessórias, por exemplo, contrariar um homem eminente, um patrão poderoso, na dependência do qual o eleitor se encontra diariamente e em relação ao qual passa a ter, assim, a ilusão de tornar-se o senhor por um instante.

Mas a posse do prestígio não é suficiente para assegurar o sucesso do candidato. O eleitor quer que adulem suas ambições e vaidades; o candidato deve cobri-lo de extravagantes bajulações, não hesitar em fazer-lhe as mais fantásticas promessas. Diante dos operários, nunca é demais injuriar e difamar os patrões. Quanto ao adversário, se procurará esmagá-lo estabelecendo por afirmação, repetição e contágio que ele é o último dos canalhas e que ninguém ignora que cometeu vários crimes. Sem, evidentemente, buscar nada que se pareça com uma prova. Se o adversário conhece mal a psicologia das multidões, tentará se justificar com argumentos, em vez de simplesmente responder às afirmações caluniosas com outras afirmações igualmente caluniosas; desse modo, não terá nenhuma chance de vencer.

O programa escrito do candidato não deve ser muito categórico, pois mais tarde seus adversários poderão cobrá-lo; mas seu programa verbal nunca é excessivo demais. As mais importantes reformas podem ser prometidas sem medo. Esses exageros produzem muito efeito de momento e não comprometem a nada no futuro. Na realidade, depois o eleitor não se preocupa de modo algum em saber se o eleito cumpriu a profissão de fé aclamada, em torno da qual a eleição supostamente ocorreu.

Aqui se reconhecem todos os fatores de persuasão descritos acima. Iremos encontrá-los também na ação das *palavras* e das *fórmulas* cuja poderosa influência já descrevemos. O orador que sabe manejá-las conduz as multidões a seu bel-prazer. Expressões como: o infame capital, os vis exploradores, o admirável operário, a socialização das riquezas etc. sempre produzem o mesmo efeito, apesar de já estarem um pouco desgastadas. Mas o candidato que conseguir descobrir uma fórmula nova, desprovida de sentido preciso e conseqüentemente adaptável às mais diversas aspirações, obtém um infalível sucesso. A sangrenta revolução espanhola de 1873 foi feita com uma dessas palavras mágicas, em sentido amplo, que cada um pode interpretar conforme sua esperança. Um escritor contemporâneo relatou sua gênese em termos que merecem ser reproduzidos.

> Os radicais haviam descoberto que uma república unitária é uma monarquia disfarçada e, para agradá-los, as Cortès [parlamento] proclamaram unanimemente a república federal, sem que nenhum dos votantes pudesse dizer o que acabava de ser votado. Mas essa fórmula encantava todo o mundo, foi um delírio, uma embriaguez. Acabavam de inaugurar na terra o reino da virtude e da felicidade. Um republicano, a quem seu inimigo recusava o título de federalista, ofendia-se com isso como se fosse uma injúria mortal. As pessoas se abordavam nas ruas dizendo: *Salud y republica federal!* Depois disso, entoavam hinos à santa indisciplina e à autonomia do soldado. O que era a "república federal"? Uns entendiam por isso a emancipação das províncias, instituições semelhantes às dos Estados Unidos ou a descentralização administrativa; outros visavam o aniquilamento de toda autoridade, a grande liquidação social que se avizinhava. Os socialistas de Barcelona e da Andaluzia pregavam a soberania absoluta das comunas, pretendiam dar à Espanha dez mil municípios independentes que se

regessem apenas por suas próprias leis, suprimindo simultaneamente o exército e a polícia. Logo se viu nas províncias do Sul a insurreição propagar-se de cidade em cidade, de aldeia em aldeia. Tão logo uma comuna fazia seu *pronunciamiento*, seu primeiro cuidado era destruir o telégrafo e as estradas de ferro para cortar toda comunicação com seus vizinhos e com Madri. Não havia burgo, por menor que fosse, que não quisesse cozinhar separadamente. O federalismo dera lugar a um cantonalismo brutal, incendiário e assassino, e por toda parte celebravam-se sangrentas saturnais.

Quanto à influência que certos raciocínios poderiam exercer sobre o espírito dos eleitores, seria preciso nunca ter lido o relatório de uma reunião eleitoral para não estar informado a esse respeito. Nela, trocam-se afirmações, invectivas, às vezes socos, nunca argumentos. Se o silêncio se instaura por um instante, é porque um participante de caráter difícil anuncia que vai fazer ao candidato uma daquelas perguntas embaraçosas que sempre deliciam o auditório. Mas a satisfação dos oponentes não dura muito, pois a voz do preopinante é logo coberta pelos berros dos adversários. Pode-se considerar exemplos das reuniões públicas os seguintes relatórios, escolhidos entre centenas de outros semelhantes, que extraí de jornais diários:

> Tendo um organizador solicitado aos presentes que nomeassem um presidente, desencadeou-se a tempestade. Os anarquistas se lançam em cena para tomar a presidência de assalto. Os socialistas defendem-na energicamente; chovem sopapos, os participantes se tratam mutuamente de dedos-duros, vendidos etc., um cidadão retira-se com o olho roxo.
>
> Finalmente, a presidência é instalada de um jeito ou de outro, no meio do tumulto, e a tribuna fica em poder do companheiro X...

O orador ataca prontamente os socialistas, que o interrompem gritando: "Cretino! bandido! canalha!" etc., epítetos aos quais o companheiro X... responde com a exposição de uma teoria segundo a qual os socialistas são "idiotas", ou "farsantes".

... O partido alemanista tinha organizado, ontem à noite, na casa do Comércio, rua Faubourg-du-Temple, uma grande reunião preparatória para a Festa dos Trabalhadores de 1º de maio. A palavra de ordem era: "Calma e tranqüilidade."

O companheiro G... trata os socialistas de "cretinos" e "trapaceiros".

Sob o efeito dessas palavras, oradores e ouvintes se xingam e estapeiam; as cadeiras, os bancos, as mesas entram em cena etc.

Não pensamos que esse tipo de discussão seja característico de uma determinada classe de eleitores e resultante de sua condição social. Em toda assembléia anônima, fosse exclusivamente composta por letrados, a discussão facilmente revestiria as mesmas formas. Mostrei que os homens na multidão tendem a uma uniformidade mental, e a todo minuto encontramos a prova. Veja-se, por exemplo, um trecho da ata de uma reunião de estudantes:

O tumulto crescia à medida que a noite avançava; não acredito que um único orador tenha podido dizer duas frases sem ser interrompido. A cada instante os gritos partiam de um ponto ou de outro, ou de todos os lados ao mesmo tempo; aplaudiam, assobiavam; ocorriam violentas discussões entre diversos ouvintes; as bengalas eram sacudidas ameaçadoramente; batia-se no chão cadenciadamente; os que interrompiam eram recebidos com gritos de: "Fora! Para a tribuna!"

M. C... dá à associação os epítetos de odiosa e covarde, monstruosa, vil, venal e vindicativa e declara que quer destruí-la etc.

Pergunta-se como, em tais condições, pode se formar a opinião de um eleitor? Colocar semelhante questão seria iludir-se estranhamente sobre o grau de liberdade de que goza uma coletividade. As multidões possuem opiniões impostas, nunca opiniões ponderadas. Essas opiniões e os votos dos eleitores estão nas mãos de comitês eleitorais, cujos líderes geralmente são alguns comerciantes de vinhos, muito influentes no meio operário e a quem dão crédito. "Sabe o que é um comitê eleitoral?", pergunta um dos mais valentes defensores da democracia, o sr. Schérer. "Simplesmente a chave de nossas instituições, a principal peça da máquina política. Hoje a França é governada pelos comitês."[1]

Não é muito difícil agir sobre eles, contanto que o candidato seja minimamente aceitável e possua recursos suficientes. Segundo relato dos doadores, três milhões bastaram para conseguir as múltiplas eleições do general Boulanger.

---

1. Os comitês, quaisquer que sejam seus nomes, clubes, sindicatos etc., constituem um dos temíveis perigos do poder das multidões. Na verdade, representam a forma mais impessoal e, conseqüentemente, mais opressiva da tirania. Supostamente falando e agindo em nome de uma coletividade, os líderes que conduzem os comitês estão livres de toda responsabilidade e podem se permitir tudo. O tirano mais feroz jamais ousou sonhar com as proscrições ordenadas pelos comitês revolucionários. Os comitês, diz Barras, dizimaram e impuseram sacrifícios à Convenção. Robespierre foi senhor absoluto enquanto pôde falar em seu nome. O dia em que, por questões de amor-próprio, o pavoroso ditador se separou deles, ele marcou a hora de sua ruína. O reino das multidões é o reino dos comitês e portanto dos líderes. Não poderíamos imaginar despotismo mais duro.

Essa é a psicologia das multidões eleitorais. É idêntica à das outras multidões. Nem melhor nem pior.

Portanto, não tirarei do que precede nenhuma conclusão contra o sufrágio universal. Se de mim dependesse sua sorte, eu o conservaria tal como é, por motivos práticos decorrentes precisamente de nosso estudo sobre a psicologia das multidões e que vou expor, após ter lembrado seus inconvenientes.

Os inconvenientes do sufrágio universal são evidentemente muito visíveis para serem ignorados. Não se poderia contestar que as civilizações foram obra de uma pequena minoria de espíritos superiores que constituem a ponta de uma pirâmide, cujos níveis, alargando-se à medida que decresce a capacidade mental, representam as camadas profundas de uma nação. A grandeza de uma civilização certamente não pode depender do sufrágio de elementos inferiores, que representam apenas quantidade. Também é indubitável que os votos das multidões são em geral muito perigosos. Já nos acarretaram várias invasões; e com o triunfo do socialismo, as fantasias da soberania popular certamente nos custarão muito mais caro ainda.

Mas essas objeções, teoricamente excelentes, perdem na prática toda a sua força se lembrarmos do poder invencível das idéias transformadas em dogmas. O dogma da soberania das multidões é, do ponto de vista filosófico, tão pouco defensável quanto os dogmas religiosos da Idade Média, mas tem hoje o mesmo poder absoluto. Logo, é tão inatacável quanto outrora o foram nossas idéias religiosas. Suponhamos um livre-pensador moderno transportado por um poder mágico para plena Idade Média. Crêem que, diante do poder soberano das idéias religiosas reinantes, ele teria tentado combatê-las? Nas mãos de um juiz que queria queimá-lo sob a acusação de ter feito um pacto com o diabo ou freqüentado o sabá, teria ele pensado em contestar a existência do diabo e do sabá? Assim como não se discute com ciclones, não se discute com as crenças das multidões. O dogma do sufrágio universal possui hoje o poder que os dogmas cristãos tiveram outrora. Oradores e escritores falam dele com um respeito e com adulações que Luís XIV não conheceu. Portanto, diante dele é preciso portar-se como diante de todos os dogmas religiosos. Somente o tempo age sobre eles.

Tentar combater esse dogma seria inútil ademais porque existem razões aparentes a favor dele: "No tempo da igualdade", diz Tocqueville corretamente, "os homens não têm nenhuma fé uns nos outros por causa de sua similitude; mas essa mesma similitude lhes dá uma confiança quase ilimitada no juízo do público; pois lhes parece improvável que, possuindo todos luzes similares, a verdade não se encontre ao lado da maioria."

Devemos supor então que um sufrágio restrito – aos capacitados, digamos – melhoraria o voto das multidões? Não posso admiti-lo nem sequer por um instante, e isso pelos motivos anteriormente assinalados da inferioridade mental de todas as coletividades, qualquer que seja sua composição. Na multidão, repito, os homens sempre se igualam e, a respeito de questões gerais, o sufrágio de quarenta acadêmicos não é melhor que o de quarenta carregadores de água. Não acredito que nenhum dos votos pelos quais o sufrágio universal foi tão censurado, como o que restaurou o Império, por exemplo, teria sido diferente com votantes recrutados exclusivamente entre sábios e letrados. O fato de um indivíduo saber grego ou matemática, ser arquiteto, veterinário, médico ou advogado, não o dota de uma clareza particular em questões de sentimentos. Todos os nossos economistas são pessoas instruídas, professores e acadêmicos em sua maioria. Acaso há uma única questão geral, o protecionismo, por exemplo, a respeito da qual tenham chegado a um acordo? Diante dos problemas sociais, cheios de múltiplas incógnitas e dominados pela lógica mística ou afetiva, toda as ignorâncias se equiparam.

Portanto, se o corpo eleitoral fosse composto somente por pessoas cheias de ciência, seus votos não seriam melhores que os de hoje. Guiar-se-iam sobretudo por seus sentimentos e pelo espírito de seu partido. Não teríamos menos dificuldades que agora e certamente, além disso, a pesada tirania das castas.

Restrito ou geral, causando estragos num país republicano ou num país monárquico, praticado na França, na Bélgica, na Grécia, em Portugal ou na Espanha, o sufrágio das multidões é semelhante em todo lugar e geralmente traduz as aspirações e as necessidades inconscientes da raça. A média dos eleitos representa em cada nação a alma média de sua raça. De uma geração a outra, permanece quase idêntica.

Assim, mais uma vez retornamos a essa noção fundamental de raça, já encontrada tantas vezes, e a essa outra, derivada da primeira, isto é, de que instituições e governos têm papel pouco relevante na vida dos povos. Estes são guiados sobretudo pela alma de sua raça, isto é, pelos resíduos ancestrais de que essa alma é a soma. A raça e a engrenagem das necessidades cotidianas, são esses os misteriosos senhores que regem nossos destinos.

CAPÍTULO V

AS ASSEMBLÉIAS PARLAMENTARES

As assembléias parlamentares são multidões heterogêneas não anônimas. Apesar das diferentes formas pelas quais seus membros são recrutados, variáveis conforme a época e o povo, suas características assemelham-se muito. A influência da raça se faz sentir, para atenuar ou exagerar, mas não para impedir a manifestação dessas características. As assembléias parlamentares dos países mais diferentes, da Grécia, da Itália, de Portugal, da Espanha, da França e da América, apresentam nas suas discussões e nos seus votos grandes semelhanças e deixam os governos às voltas com dificuldades idênticas.

Aliás, o regime parlamentar sintetiza o ideal de todos os povos civilizados modernos. Traduz a idéia, psicologicamente equivocada, mas geralmente aceita, de que muitos homens reunidos são bem mais capazes de uma decisão sábia e independente sobre certo assunto do que um reduzido número.

Encontramos nas assembléias parlamentares as características gerais das multidões: simplismo das idéias, irritabilidade, sugestionabilidade, exagero dos sentimentos, influência preponderante dos líderes. Mas, devido à sua composição específica, as multidões parlamentares apresentam algumas diferenças, como a seguir mostraremos.

O simplismo das opiniões é uma de suas características bem nítidas. Há em todos os partidos, principalmente nos povos latinos, uma invariável tendência a resolver os problemas sociais mais complicados pelos princípios abstratos mais simples e por leis gerais aplicáveis a todos os casos. Naturalmente, os princípios variam conforme o partido; mas, só pelo fato de os indivíduos estarem em multidão, sempre tendem a exagerar o valor desses princípios e a levá-los até as últimas conseqüências. Por isso os parlamentos representam sobretudo opiniões extremas.

O tipo mais perfeito de simplismo das assembléias foi o realizado pelos jacobinos de nossa grande Revolução. Dogmáticos e lógicos, com o cérebro cheio de generalidades vagas, preocupavam-se com os princípios fixos, sem levar em conta os acontecimentos; alguém disse, com razão, que atravessaram a Revolução sem vê-la. Com alguns dogmas, imaginam reconstruir completamente uma sociedade e reduzir uma civilização refinada a uma fase muito anterior da evolução social. Seus meios para realizar esse sonho estavam igualmente marcados por um absoluto simplismo. Na realidade, limitavam-se a destruir violentamente os obstáculos que os incomodavam. Todos eles – girondinos, montanheses, termidorianos etc. –, aliás, estavam animados pelo mesmo espírito.

As multidões parlamentares são muito sugestionáveis; e, como sempre, a sugestão emana dos líderes aureolados de prestígio; mas, nas assembléias parlamentares, a sugestionabilidade possui limites muito nítidos, que devem ser ressaltados.

Sobre todas as questões de interesse local, cada membro de uma assembléia possui opiniões fixas, irredutíveis, que nenhuma argumentação pode abalar. O talento de um Demóstenes não chegaria a modificar o voto de um deputado sobre questões como o protecionismo ou o privilégio dos destiladores locais, que representam exigências de eleitores influentes. As sugestões prévias desses eleitores são poderosas o bastante para anular todas as outras e manter uma absoluta fixidez de opinião[1].

Sobre questões gerais – mudança ministerial, estabelecimento de um imposto etc. – a fixidez de opinião desaparece e as sugestões dos líderes podem agir, mas não completamente, como na multidão ordinária. Cada partido possui seus líderes, que às vezes exercem igual influência. O deputado se encontra então entre sugestões contrárias e fica fatalmente muito hesitante. Por isso o vemos com freqüência, num intervalo de quinze minutos, votar de modo contraditório, acrescentar a uma lei um artigo que a destrói: por exemplo, tirar dos industriais o direito de escolher e de despedir seus empregados e depois quase anular essa medida com uma emenda.

Por isso é que em cada legislatura a Câmara manifesta algumas opiniões muito fixas e outras muito hesitantes. No fundo, como as questões gerais são mais numerosas, é a indecisão que predomina, indecisão sustentada pelo constante temor do eleitor, cuja sugestão latente sempre chega a contrabalançar a influência dos líderes.

No entanto, estes últimos são, em última instância, os verdadeiros senhores naquelas discussões em que os

1. É sem dúvida a essas opiniões previamente fixadas e tornadas irredutíveis por necessidades eleitorais que se aplica a reflexão de um velho parlamentar inglês: "Nos cinqüenta anos que ocupo uma cadeira em Westminster, ouvi milhares de discursos; poucos mudaram minha opinião, mas nem um único mudou meu voto."

membros de uma assembléia não possuem opiniões previamente bem definidas.

A necessidade de líderes é evidente já que, sob o nome de chefes de grupos, são encontrados em todos os países. São os verdadeiros soberanos das assembléias. Os homens em multidão não conseguem prescindir de um senhor, e é por isso que os votos de uma assembléia geralmente representam apenas as opiniões de uma pequena minoria.

Os líderes, repetimos, agem muito pouco segundo seus raciocínios e muito por seu prestígio. Caso uma circunstância qualquer os prive do prestígio, perdem toda influência.

O prestígio dos líderes é individual e não decorre nem do nome nem da celebridade. O sr. Jules Simon, falando dos grandes homens da Assembléia de 1848, da qual participou, dá exemplos muitos curiosos disso.

> Dois meses antes de se tornar todo-poderoso, Luís Napoleão não era nada.
>
> Victor Hugo subiu à tribuna. Não teve sucesso. Escutaram-no como se escutava Félix Pyat, mas não o aplaudiram tanto. "Não gosto de suas idéias", me disse Vaulabelle, referindo-se a Félix Pyat, "mas é um dos maiores escritores e o maior orador da França." Edgar Quinet, aquele espírito raro e poderoso, não era levado em conta. Teve seu momento de popularidade antes da abertura da Assembléia; durante a Assembléia, não teve nenhuma.
>
> As assembléias políticas são o lugar onde o brilho do gênio menos se faz sentir. Nelas só se leva em conta uma eloqüência apropriada ao momento e ao lugar, e serviços prestados, não à pátria, mas aos partidos. Para que fosse prestada homenagem a Lamartine em 1848 e a Thiers em 1871, foi preciso o estímulo do interesse urgente, inexorável. Passado o perigo, curaram-se tanto do reconhecimento como do medo.

Reproduzi essa passagem pelos fatos que contém, não pelas explicações que propõe. Expressam uma psicologia medíocre. A multidão logo perderia o caráter de multidão se valorizasse os líderes pelos serviços prestados, seja à pátria, seja aos partidos. Ela está sujeita ao prestígio do líder e em sua conduta não intervém nenhum sentimento de interesse ou de reconhecimento.

O líder dotado de prestígio suficiente possui um poder quase absoluto. Sabe-se a imensa influência que um célebre deputado exerceu durante longos anos, graças a seu prestígio, em seguida momentaneamente perdido por causa de algumas questões financeiros. Com um simples sinal seu, ministros caíam. Um escritor mostrou nitidamente, nas linhas abaixo, o alcance de sua ação.

> É principalmente ao sr. M. C... que devemos o fato de ter pago pelo Tonquim três vezes mais do que deveria ter custado, que nos estabelecemos somente provisoriamente em Madagascar, que abdicamos de um império na baixa Nigéria, que perdemos a posição preponderante que ocupávamos no Egito. – As teorias de M. C... custaram-nos mais territórios do que os desastres de Napoleão 1º.

Não se deveria culpar demasiado o líder em questão. Evidentemente ele nos custou muito caro, mas grande parte de sua influência provinha de ele seguir a opinião pública, que, em matéria colonial, não era o que se tornou hoje. Um líder raramente precede a opinião, geralmente se limita a adotar seus erros.

Além do prestígio, os meios de persuasão dos líderes são os fatores já citados várias vezes. Para manejá-los habilmente, o líder deve ter penetrado, pelo menos de modo inconsciente, a psicologia das multidões e saber como dirigir-lhe a palavra, conhecer sobretudo a fascinante influência das palavras, das fórmulas e das imagens. Deve possuir uma eloqüência especial, composta de afirmações enérgicas e imagens impressionantes, inseridas em raciocínios muito sumários. Esse gênero de eloqüência encontra-se em todas as assembléias, inclusive no parlamento inglês, apesar de ele ser o mais ponderado de todos.

"Podemos ler freqüentemente", diz o filósofo inglês Maine, "debates da Câmara dos Comuns em que toda a discussão consiste na troca de generalidades muito brandas e personalidades muito violentas. Sobre a imaginação de uma democracia pura, esse gênero de fórmulas gerais exerce um efeito prodigioso. Sempre será fácil fazer uma multidão aceitar asserções gerais apresentadas em termos comoventes, embora nunca tenham sido verificadas e nem sejam, talvez, suscetíveis de qualquer verificação."

A importância dos "termos comoventes", indicados na citação precedente, não é exagerada. Várias vezes insistimos sobre o poder especial das palavras e das fórmulas escolhidas de modo a evocar imagens muito vivas. A frase seguinte, extraída do discurso de um líder de assembléia, é um excelente exemplo:

"No dia em que o mesmo navio levar para as febrosas terras do desterro o político corrupto e o anarquista assassino, eles poderão entabular uma conversa e aparecerão um para o outro como os dois aspectos complementares de uma mesma ordem social."

A imagem assim evocada é clara, expressiva, e todos os adversários do orador sentem-se ameaçados por ela. Vêem a um só tempo os países assolados por febres e a embarcação que poderá levá-los, pois acaso não fazem parte da categoria, bastante mal delimitada, dos políticos ameaçados? Experimentam então o surdo temor que deviam sentir os Convencionais, mais ou menos ameaçados pela lâmina da guilhotina, pelos vagos discursos de Robespierre, temor que sempre os levava a ceder.

Os líderes têm interesse em incorrer nos mais inverossímeis exageros. O orador, cuja frase acabo de citar, pôde afirmar, sem provocar grandes protestos, que os banqueiros e os padres subornavam os lançadores de bombas e que os administradores das grandes companhias financeiras mereciam as mesmas penas que os anarquistas. Procedimentos semelhantes sempre produzem efeitos sobre as multidões. A afirmação nunca é muito furiosa, nem a declamação muito ameaçadora. Não há nada que intimide mais os ouvintes. Se protestarem, temem passar por traidores ou cúmplices.

Essa eloqüência especial, dizia eu há pouco, reinou em todas as assembléias e se acentua nos períodos críticos. A leitura dos discursos dos grandes oradores da Revolução é muito interessante desse ponto de vista. Sentiam-se obrigados a se interromper a todo instante para denunciar o crime e exaltar a virtude; depois, explodiam em imprecações contra os tiranos e juravam viver livres ou morrer. A assistência se levantava, aplaudia com furor e depois, acalmada, voltava a se sentar.

Às vezes o líder pode ser inteligente e instruído, mas isso geralmente lhe é mais prejudicial do que útil. A inteligência, ao demonstrar a complexidade das coisas e possibilitar explicar e compreender, torna a pessoa indulgente e enfraquece muito a intensidade e a violência das convicções necessárias aos apóstolos. Os grandes líderes de todas as épocas, os da Revolução principalmente, eram muito limitados e no entanto executaram grandes ações.

Os discursos do mais célebre dentre eles, Robespierre, freqüentemente assombravam por sua incoerência. Lendo-os, não se encontra nenhuma explicação plausível para o enorme papel desempenhado pelo poderoso ditador:

> Lugares-comuns e redundância da eloqüência pedagógica e da cultura latina a serviço de uma alma mais pueril do que medíocre, e que parece limitar-se, no ataque ou na defesa, ao: "Quem vai ter coragem de me enfrentar?" dos estudantes. Nenhuma idéia, nenhum truque, nenhuma palavra mordaz, é o tédio na tempestade. Quando terminamos essa leitura morna, temos vontade de dizer o ufa! do amável Camille Desmoulins.

É assustador pensar no poder que confere, a um homem cercado de prestígio, uma forte convicção unida a uma extrema estreiteza de espírito. Entretanto, essas condições são necessárias para ignorar os obstáculos e saber querer. As multidões instintivamente reconhecem nesses enérgicos convictos o senhor de que necessitam.

Em uma assembléia parlamentar, o sucesso de um discurso depende quase exclusivamente do prestígio do orador e de modo algum dos argumentos que apresenta.

O orador desconhecido que chega com um discurso repleto de bons argumentos, mas somente de argumentos, não tem chance alguma de ser sequer ouvido.

Um antigo deputado, o sr. Descubes, traçou nas seguintes linhas a imagem do legislador sem prestígio:

> Depois de se instalar na tribuna, tira de sua pasta um dossiê que coloca metodicamente diante de si e então começa com segurança.
>
> Vangloria-se de imbuir na alma dos ouvintes a convicção que o anima. Passou e repassou seus argumentos, está cheio de cifras e provas; está certo de ter razão. Diante das evidências apresentadas, toda resistência seria vã. Co-

meça a discursar, confiando em sua legitimidade e também na intenção de seus colegas, que certamente nada mais desejam senão inclinar-se diante da verdade.

Fala e, de repente, surpreende-se com o movimento da sala, um pouco irritado com o zunzum que nela cresce.

Como não fazem silêncio? Por que essa desatenção geral? Em que estão pensando os que conversam entre si? Que motivo tão urgente faz aquele outro sair de seu lugar?

Uma inquietação cruza sua fronte. Franze as sobrancelhas, pára. Encorajado pelo presidente, recomeça, erguendo a voz. Escutam-no menos ainda. Força o tom, agita-se: o barulho duplica ao seu redor. Ele próprio já não se ouve, pára novamente; em seguida, receando que seu silêncio leve o presidente a dar por encerrada sua intervenção, recomeça ainda mais alto. A balbúrdia se torna insuportável.

As assembléias parlamentares que atingem certo grau de excitação tornam-se idênticas às multidões heterogêneas ordinárias e, conseqüentemente, seus sentimentos apresentam a particularidade de serem sempre extremados. Entregam-se a atos de heroísmo ou aos piores excessos. O indivíduo deixa de ser ele próprio e votará as medidas mais contrárias a seus interesses pessoais.

A história da Revolução mostra a que ponto as assembléias podem se tornar inconscientes e sofrer sugestões opostas aos seus interesses. Para a nobreza, renunciar aos seus privilégios era um enorme sacrifício e, não obstante, em uma célebre noite da Constituinte, ela o fez sem hesitar. Para os convencionais, renunciar à sua inviolabilidade significava uma ameaça permanente de morte e, não obstante, eles o fizeram e não temeram dizimar-se mutuamente, embora soubessem muito bem que o cadafalso para o qual seus colegas eram levados hoje estava reservado para eles amanhã. Mas, atingido esse grau de automatismo completo que descrevi, nenhuma consideração poderia impedi-los de ceder às sugestões que os hipnotizavam. A seguinte passagem das memórias de um deles, Billaud-Varennes, é absolutamente típica com relação a isso: "As decisões de que tanto nos censuram", diz ele, "*não as queríamos quase nunca um ou dois dias antes: era somente a crise que as suscitava.*" Nada mais correto.

Os mesmos fenômenos de inconsciência se manifestaram durante todas as tempestuosas sessões da Convenção.

> Aprovam e decretam, diz Taine, aquilo de que têm horror, não apenas as tolices e loucuras, mas os crimes, o assassinato de inocentes, o assassinato de seus amigos. Unanimemente e com os mais vivos aplausos, a esquerda, unida à direita, envia ao cadafalso Danton, seu chefe natural, o grande promotor e condutor da Revolução. Unanimemente e com os maiores aplausos, a direita, unida à esquerda, vota os piores decretos do governo revolucionário. Unanimemente e com gritos de admiração e entusiasmo, com testemunhos de simpatia apaixonada por Collot d'Herbois, por Couthon e por Robespierre, a Convenção, mediante reeleições espontâneas e múltiplas, mantém o governo homicida que a Planície detesta porque é homicida, e que a Montanha detesta porque ele a dizima. Planície e Montanha, a maioria e a minoria, acabam por consentir em colaborar para seu próprio suicídio. Em 22 de prairial, a Convenção inteira ofereceu o pescoço ao verdugo; em 8 de termidor, durante os primeiros quinze minutos que se seguiram ao discurso de Robespierre, ofereceu-o novamente.

O quadro pode parecer sombrio. Entretanto é verdadeiro. As assembléias parlamentares suficientemente excitadas e hipnotizadas apresentam as mesmas características. Tornam-se um rebanho móvel que obedece a todos os impulsos. A seguinte descrição da Assembléia de 1848, feita por um parlamentar de indubitável fé democrática, o sr. Spuller, e que extraí da *Revue littéraire*, é muito típica. Nela encontramos todos os sentimentos exagerados que descrevi nas multidões, e aquela excessiva mobilidade que permite passar de um instante para outro pela gama dos sentimentos mais opostos.

> As divisões, os ciúmes, as suspeitas e, alternadamente, a confiança cega e as esperanças ilimitadas levaram o partido republicano à ruína. Sua ingenuidade e candura igualavam-se apenas à sua desconfiança universal. Nenhum senso da legalidade, nenhuma compreensão da disciplina; terrores e ilusões sem limites, o camponês e a criança coincidem nesse ponto. A calma deles rivaliza com sua impaciência. A selvageria deles assemelha-se à sua docilidade, como é próprio de um temperamento ainda não formado e de uma educação ausente. Nada os espanta e tudo os desconcerta. Vacilantes, medrosos, intrépidos, heróicos, lançar-se-ão nas chamas e recuarão diante de uma sombra.
>
> Não conhecem nem os efeitos nem as relações entre as coisas. Suscetíveis tanto ao desânimo quanto à exaltação, sujeitos a todo tipo de pânico, sempre excessivo ou escasso, nunca no grau que é preciso e na medida que convém. Mais fluidos que a água, refletem todas as cores e assumem todas as formas. Que base de governo se poderia esperar assentar sobre eles?

Felizmente, todas as características das assembléias parlamentares que acabamos de descrever não se manifestam constantemente. Elas são multidão somente em determinados momentos. Os indivíduos que as compõem conseguem preservar sua individualidade em muitos casos e é por isso que uma assembléia pode elaborar excelentes leis técnicas. Essas leis são, é verdade, preparadas por um especialista no silêncio do gabinete; e, na realidade, a lei votada é obra de um indivíduo e não mais de uma assembléia. Naturalmente, essas leis são as melhores. Só se tornam desastrosas quando uma série de infelizes emendas as tornam coletivas. A obra da multidão é sempre e em toda parte inferior à de um indivíduo isolado. Sozinhos, os especialistas salvam as assembléias de adotar medidas muito confusas e inexperimentadas. Tornam-se, então, líderes momentâneos. A assembléia não age sobre eles e eles agem sobre ela.

Apesar de todas as dificuldades de seu funcionamento, as assembléias parlamentares ainda são o melhor método que os povos encontraram para se governar e sobretudo para se subtrair o máximo possível ao jugo das tiranias pessoais. São certamente o ideal de um governo, ao menos para os filósofos, pensadores, escritores, artistas e cientistas, em uma palavra, para tudo o que constitui o ápice de uma civilização.

Apresentam, aliás, apenas dois perigos sérios: o inevitável desperdício das finanças e uma progressiva restrição das liberdades individuais.

O primeiro desses perigos é conseqüência inevitável das exigências e da imprevisão das multidões eleitorais. Se um membro de uma assembléia propõe alguma medida que satisfaz aparentemente a idéias democráticas – assegurar, por exemplo, aposentadoria a todos os operários, aumentar o salário dos cantoneiros, dos professores etc.– os outros deputados, sugestionados pelo medo dos eleitores, não ousarão parecer desdenhar os interesses destes rejeitando a medida proposta. Sabem no entanto que ela sobrecarregará pesadamente o orçamento e exigirá a criação de novos impostos. Hesitar em aprová-la é impossível. Enquanto as conseqüências do aumento de despesas estão distantes e não implicam resultados desagradáveis para eles, as conseqüências de um voto negativo poderiam, ao contrário, surgir clara e imediatamente no dia em que fosse preciso apresentar-se diante dos eleitores.

Acrescente-se a essa primeira causa, a do exagero nas despesas, outra, não menos imperativa: a obrigação de aprovar todos os gastos de interesse puramente local. Um deputado não poderia opor-se a isso, pois também são exigências de eleitores, e cada deputado só pode obter aquilo de que necessita para sua circunscrição com a condição de ceder às demandas análogas de seus colegas[2].

---

2. Em seu número de 6 de abril de 1895, *L'Economiste* fazia um curioso levantamento de quanto podem custar num ano esses gastos de interesse puramente eleitoral, notadamente os das estradas de ferro. Para ligar Langayes (cidade de 3000 habitantes), encarapitada no alto de uma montanha, a Puy, vota-se uma estrada de ferro que custará quinze milhões. Para ligar Beaumont (3500 habitantes) a Castel-Sarrazin, sete milhões. Para ligar o vilarejo de Ous (523 habitantes) a Seix (1200 habitantes), sete milhões. Para ligar Prades ao povoado de Olette (747 habitantes), seis milhões etc. Somente em 1895, foram aprovados noventa milhões para vias férreas desprovidas de qualquer interesse geral. Outros gastos para necessidades igualmente eleitorais não são menos importantes. A lei sobre a aposentadoria dos operários logo custará anualmente pelo menos 165 milhões segundo o ministro das Finanças, e 800 milhões segundo o acadêmico Leroy-Beaulieu. A contínua progressão desses gastos resultará forçosamente na falência. Muitos países da Europa, como Portugal, Grécia, Espanha e Turquia, já faliram; outros logo quebrarão; mas não é preciso se preocupar muito com isso, pois o público aceitou sucessivamente sem grandes protestos a redução de quatro quintos no pagamento de cupons em diversos países. Essas engenhosas quebras permitem reequilibrar instantaneamente os orçamentos avariados. As guerras, o socialismo, as lutas econômicas provocarão, aliás, muitas outras catástrofes, e no período de desagregação universal em que entramos, é preciso resignar-se a viver o dia-a-dia sem se preocupar muito com o dia de amanhã, que nos escapa.

O segundo dos perigos mencionados acima, a inevitável restrição das liberdades pelas assembléias parlamentares, embora aparentemente menos visível é, no entanto, real. Decorre das inúmeras leis, sempre restritivas, cujas conseqüências os parlamentos, com seu espírito simplista, não vêem e acreditam estar obrigados a votar.

Esse perigo parece ser inevitável, visto que a própria Inglaterra, onde certamente se observa o tipo mais perfeito de regime parlamentar e onde o representante é mais independente de seu eleitor, não conseguiu eliminá-lo. Herbert Spencer, em um trabalho já antigo, mostrou que o crescimento da liberdade aparente devia ser seguido de uma diminuição da liberdade real. Retomando a mesma tese em seu livro *The man versus the State* [*O indivíduo contra o Estado*], exprime-se assim a respeito do parlamento inglês:

> Desde aquela época, a legislação seguiu o curso que eu tinha indicado. Medidas ditatoriais, multiplicando-se rapidamente, tenderam continuamente a restringir as liberdades individuais de duas maneiras: foram estabelecidas regulamentações, cujo número aumenta a cada ano, que impõem alguma coerção ao cidadão, ao passo que antes seus atos eram completamente livres, e forçam-no a realizar atos que antes ele podia realizar ou não, à vontade. Ao mesmo tempo, impostos cada vez mais pesados, sobretudo locais, restringiram ainda mais sua liberdade, reduzindo a parte de seus ganhos que podia despender como quisesse e aumentando a parte que lhe é retirada para ser despendida ao bel-prazer das autoridades públicas.

Essa progressiva redução das liberdades manifesta-se em todos países de uma forma especial, que Herbert Spencer não indicou: a criação de inúmeras medidas legislativas, todas geralmente de ordem restritiva, conduz necessariamente ao aumento do número, do poder e da influência dos funcionários encarregados de aplicá-las. Assim, eles tendem a se tornar os verdadeiros donos dos países civilizados. Seu poder é ainda maior na medida em que, nas incessantes mudanças de governo, a casta administrativa que escapa a essas mudanças é a única a possuir a irresponsabilidade, a impessoalidade e a perpetuidade. Ora, entre todos os despotismos, não há nenhum mais pesado do que aquele que se apresente sob essa tripla forma.

A incessante criação de leis e regulamentos restritivos, envolvendo os menores atos da vida com as mais bizantinas formalidades, tem como resultado inevitável encolher progressivamente a esfera na qual os cidadãos podem mover-se livremente. Vítimas da ilusão de que multiplicando as leis a igualdade e a liberdade se vêem mais bem asseguradas, os povos aceitam a cada dia entraves mais pesados.

Não é impunemente que os aceitam. Habituados a suportar todos os jugos, logo acabam procurando-os, perdendo toda espontaneidade e toda energia. Já não passam de sombras vãs, autômatos passivos desprovidos de vontade, resistência e força.

Mas os recursos que não encontra mais em si, o homem é forçado a procurar em outro lugar. Com a indiferença e a impotência crescentes dos cidadãos, o papel dos governos se vê obrigado a crescer mais. Estes últimos devem ter forçosamente o espírito de iniciativa, de empreendimento e de comando que os particulares perderam. Devem propor tudo, dirigir tudo, proteger tudo. O Estado torna-se, então, um deus todo-poderoso. Mas a experiência ensina que o poder dessas divindades nunca foi muito duradouro nem muito forte.

A progressiva restrição de todas as liberdades em certos povos, apesar de uma licença que lhes dá a ilusão de possuí-las, parece resultar tanto de sua velhice quanto de um regime qualquer. Constitui um dos sintomas precursores dessa fase de decadência à qual nenhuma civilização conseguiu escapar até agora.

A julgar pelos ensinamentos do passado e pelos sintomas que irrompem de toda parte, várias de nossas civilizações modernas chegaram ao período de velhice extrema que precede a decadência. Algumas evoluções parecem inevitáveis para todos os povos, pois vemos seu curso se repetir freqüentemente na história.

É fácil assinalar brevemente as fases dessas evoluções e com esse resumo concluiremos nossa obra.

Ao considerarmos em suas grandes linhas a gênese da grandeza e da decadência das civilizações que precederam a nossa, o que vemos?

Na aurora dessas civilizações, uma miríade de homens, de origens variadas, reunidos pelos acasos das migrações, das invasões e das conquistas. De sangues diversos, línguas e crenças igualmente diversas, esses homens têm como único laço comum a lei semi-reconhecida de um chefe. Em suas confusas aglomerações encontram-se no mais alto grau as características psicológicas das multidões. Possuem sua coesão momentânea, seus heroísmos, fraquezas, impulsos e violências. Nelas, não há nada de estável. São bárbaros.

Depois, o tempo realiza sua obra. A semelhança de ambientes, a repetição dos cruzamentos, as necessidades de uma vida comum vão agindo lentamente. A aglomeração de unidades dessemelhantes começa a se fundir e a formar uma raça, isto é, um agregado que possui características e sentimentos comuns, que progressivamente a hereditariedade fixará. A multidão tornou-se um povo, e esse povo vai poder sair da barbárie.

No entanto, só a abandonará completamente quando, após longos esforços, lutas incessantemente repetidas e inumeráveis recomeços, tiver adquirido um ideal. Pouco importa a natureza desse ideal. Quer seja o culto de Roma, o poder de Atenas ou o triunfo de Alá, ele bastará para dotar todos os indivíduos da raça em via de formação de uma perfeita unidade de sentimentos e pensamentos.

É então que pode nascer uma nova civilização, com suas instituições, suas crenças e sua arte. Conduzida por seu sonho, a raça adquirirá sucessivamente tudo o que proporciona o esplendor, a força e a grandeza. Sem dúvida ainda será multidão em certos momentos, mas, detrás das características móveis e mutáveis das multidões, estará o sólido substrato, a alma da raça, que limita rigorosamente as oscilações de um povo e regula o acaso.

Mas, após ter exercido sua ação criadora, o tempo começa a obra de destruição à qual nem os deuses nem os homens escapam. Tendo atingido certo nível de poder e de complexidade, a civilização pára de crescer e, a partir do momento em que não cresce mais, está condenada a declinar rapidamente. Em breve soará a hora da velhice.

Essa hora inevitável é sempre marcada pelo enfraquecimento do ideal que sustentava a alma da raça. À medida que esse ideal empalidece, todos os edifícios religiosos, políticos ou sociais que ele inspirava começam a rachar.

Com o progressivo desaparecimento de seu ideal, a raça perde cada vez mais aquilo que constituía sua coesão, unidade e força. O indivíduo pode se desenvolver em personalidade e em inteligência, mas, simultaneamente, o egoísmo coletivo da raça é substituído por um desenvolvimento excessivo do egoísmo individual, acompanhado do enfraquecimento do caráter e da diminuição da capacidade de ação. O que formava um povo, uma unidade, um bloco, acaba por se tornar uma aglomeração sem coesão de indivíduos que ainda mantêm artificialmente por certo tempo as tradições e as instituições. É então que, divididos por seus interesses e suas aspirações, já não sabendo se governar, os homens pedem para ser dirigidos em seus menores atos e o Estado exerce sua influência absorvente.

Com a perda definitiva do antigo ideal, a raça acaba por perder também sua alma. Já não passa de uma miríade de indivíduos isolados e volta a se tornar o que era inicialmente: uma multidão. Apresenta todas as suas características transitórias, sem consistência e sem amanhã. A civilização já não tem nenhuma solidez e fica à mercê de todos os acasos. A plebe reina e os bárbaros avançam. A civilização ainda pode parecer brilhante porque conserva a fachada exterior criada por um longo passado, mas na realidade é apenas um edifício carcomido que já nada sustenta e que desabará na primeira tempestade.

Passar da barbárie à civilização perseguindo um sonho, depois declinar e morrer quando esse sonho perdeu sua força, tal é o ciclo da vida de um povo.

POSFÁCIO

GUSTAVE LE BON E A CRÍTICA DA RAZÃO ACADÊMICA

Das origens ao mundo intelectual parisiense

A tradução desta obra deve ser comemorada, pois o leitor está diante de um autor dos mais interessantes para se entender a pluralidade da vida intelectual francesa e, mais do que isso, de um texto cujas idéias tiveram impacto na vida política do século XX. A trajetória intelectual de Charles-Marie Gustave Le Bon (1841-1931) é fundamental para compreender sua obra. Mais conhecido por ter sido citado por Freud na *Psicologia das massas e análise do ego*[1] do que propriamente por suas idéias, seu nome aparece atualmente em poucos manuais de psicologia social ou de sociologia dos movimentos sociais. Pouco se sabe sobre sua intensa e diversificada produção in-

---

1. Freud elogia a obra de Le Bon, mas reconhece que sua psicologia exprime uma visão conhecida sobre o assunto. Entre os vários desacordos, pode-se destacar a distância que toma do conceito de inconsciente fisiológico, bem como do papel do "contágio" na ação das multidões. FREUD, Sigmund, *Psicología de las masas y análisis del yo*, vol. 18. In *Obras completas*, Armorrortu editores, Buenos Aires, 1978 [1920].

telectual e sobre o significado de seus textos em sua própria época. Tampouco se conhece o estrondoso sucesso de suas obras ao longo do período que vai do início de sua produção intelectual, nos anos 1870, até sua morte, em 1931. A obra que o leitor tem em mãos ilustra bem esse fenômeno editorial: entre 1895, ano de sua publicação, e 1928, ela foi reeditada anualmente e totalizou 39.600 exemplares vendidos, um assombro para os padrões da publicação científica[2]. Le Bon conquistou, inclusive, fama internacional; sua obra foi traduzida em mais de dezesseis línguas enquanto esteve vivo, o que causa estranheza quando se tem em conta o completo esquecimento em que o autor caiu após esse período. Morto o autor, a obra não resistiu. Um pouco de atenção a alguns aspectos de sua trajetória e de sua posição no campo intelectual ajuda a explicar esse aparente paradoxo e, mais do que isso, dá a chave do significado de sua obra no seu próprio tempo.

O pai de Le Bon era um "agente de hipotecas" (*receveur d'enregistrement*), uma função letrada, mas subalterna, numa cidade francesa pobre e de feições rurais, Nogent-le-Rotrou (Vale do Loire). Le Bon nasceu e fez os estudos primários na escola comunal dessa cidade e, posteriormente, migrou para Tours para fazer o secundário no liceu. Considerando-se que, no período, a educação burguesa era tarefa de um preceptor, sua vida foi marcada pelo deslocamento entre a falta de recursos econômicos e a ambição pelo cultivo das letras e da alta cultura, carência de capital econômico e, em conseqüência, cultural, que de certo modo marcou suas disposições intelectuais. Ele desenvolveu desde cedo um misto de ambição desmedi-

2. Cf. MARPEAU, Benoît, *Gustave Le Bon: parcours d'un intellectuel*, Paris, CNRS Éditions, 2000, p. 345.

da e de insegurança intelectual, o que preparou o terreno onde se desenvolveu uma trajetória de relativo sucesso, mas também de derrotas e ressentimentos. Segundo um amigo e pertencente ao seu círculo, Edmond Picard, Le Bon foi um aluno medíocre no primário e cumpriu, do ensino secundário e superior, apenas o mínimo necessário para passar pelos programas oficiais, insuportáveis, segundo ele, para uma natureza marcada pelo espírito de "independência" e de "originalidade"[3]. Este retrato de Le Bon é bastante significativo, pois foi o que o próprio autor adotou para enaltecer sua posição de "intelectual livre"[4] diante da figura do pedagogo, do professor de escola pública e, principalmente, da figura nascente do especialista, produto da universidade republicana. Visto pelas lentes das lutas no campo intelectual, esse discurso, como veremos, representa de maneira típica as posições conservadoras, ou seja, resistentes à especialização e à profissionalização do trabalho intelectual.

Le Bon vai para Paris nos anos 60 e não se sabe se obteve ou não o *baccalauréat*. De todo modo, ele conseguiu ingressar no curso prático de medicina (*officier de santé*) da Faculdade de Medicina de Paris – um curso mais rápido e de menor prestígio do que o de medicina e que seria extinto em 1892. Depois de cursar apenas dois anos de medicina, ou seja, metade do curso, ele solicitou ao dr. Pierre-Adolphe Piorry, um grande nome da medicina da época, um falso certificado de conclusão do curso e, a partir de então, ingressou na carreira de vulgarizador cien-

---

3. PICARD, Edmond, *Gustave Le Bon et son œuvre*, Paris, Mercure de France, 1909, p. 10.

4. Christophe Charle denomina "intelectual livre" os autores que não têm vínculo institucional com a universidade. Cf. CHARLE, C., *Naissance des "intellectuels": 1880-1900*, Paris, Minuit, 1990.

tífico ostentando o título "dr. Le Bon". Esse percurso era o mínimo necessário para credenciar o autor à atividade de escritor, uma vez que ele pretendia escrever sobre ciência para um público amplo, mas ser reconhecido como autoridade legítima. Fazia questão de assinar o "doutor" antes do nome, o que revela grande preocupação com o prestígio social proveniente da titulação acadêmica. Um crítico dos títulos universitários que fazia questão de ostentar e mesmo de falsificar o seu: essa foi sua marca e uma das muitas contradições entre o vivido e o escrito.

Le Bon nunca exerceu a profissão de médico. Contudo, com a ajuda do dr. Piorry, fez contatos que lhe permitiram trabalhar como voluntário na guerra franco-prussiana de 1870 na função de cirurgião-chefe de ambulatório de primeiros socorros. Por causa dessa participação recebeu o título de cavaleiro da Legião de Honra, em 1871[5], e foi nesse contexto que definiu sua carreira futura: publicou em 1874 o livro *La vie: physiologie humaine appliquée à l'hygiène et à la médecine*, primeira obra de sucesso que revelaria o talento do futuro grande vulgarizador científico. Após a experiência da guerra e, principalmente, da Comuna de Paris, Le Bon tornou-se pessimista em relação à evolução histórica, de modo que passou a interpretar tais fatos com base na "decadência da raça latina", tese recorrente em suas obras de psicologia. Após esse período, Le Bon deixa para trás o otimismo em relação ao progresso social em sua integralidade e passa a adotar progressivamente uma visão pessimista e fatalista sobre a evolução social[6].

---

5. Cf. *Archives Nationales*, dossiê da Legião de Honra. Arquivos Gustave Le Bon.

6. MARPEAU, Benoît, op. cit.

Le Bon teve uma carreira intelectual bastante conturbada e instável. Sua origem social pequeno-burguesa lhe deu disposições que a vida de escritor de vulgarização científica só fez reforçar. Ambicioso antes do tempo para a sua posição social, uma vez que não pôde ser beneficiado por bolsas como a geração republicana e universitária que lhe sobreveio, era imperativo fazer sucesso entre o grande público, mesmo que à custa do desprezo por parte dos especialistas. Viveu desde os anos 70 de sua própria pena, o que exigiu um investimento enorme em relações pessoais e em contatos com editoras comerciais, impelindo-o à escrita de gêneros acessíveis ao público mais amplo e num estilo palatável ao leitor não especialista. Autor flexível, uma vez que dependia de demandas editoriais diversas, Le Bon escreveu sobre higienismo, antropologia, história das civilizações, psicologia social, política internacional, física, química, fotografia, tabaco e adestramento de cavalos[7].

Nos anos 80, publicou uma série de obras sobre história das civilizações orientais, tema típico das publicações de vulgarização científica e com grande apelo visual, ilustradas por litografias e gravuras de monumentos, paisagens, artes e personagens exóticos[8]. Para escrevê-las optou por visitar alguns países, tais como a Índia e o Nepal, e o fez tanto com recursos próprios quanto com subsídios governamentais, estes conquistados através da influência de Sadi Carnot, futuro presidente da República e um parente distante. O propósito desse tipo de publicação era resumir séculos de história de um determinado povo em algumas centenas de páginas e volumes, seme-

---

7. Cf. bibliografia.
8. Cf. bibliografia.

lhante a uma enciclopédia ilustrada. O método seguido era o da descrição naturalista de tipos e paisagens (raça, meio geográfico, hereditariedade física e psicológica), instituições políticas e psicologia dos "grandes homens". Através desses estudos Le Bon pretendia demonstrar sua tese sobre a importância do fator hereditário na mentalidade de um povo, bem como, nos moldes da filosofia da história francesa, enfatizar a importância dos líderes ou dos "grandes homens" para a evolução social.

Ao longo das últimas décadas do século travava-se um debate em torno das causas da evolução ou da civilização de um povo e as respostas dividiam-se entre os que consideravam o povo, tomado como um tipo médio, como fator evolutivo e os que, por oposição, enfatizavam o papel das elites. Le Bon defendia a segunda hipótese, ainda que por vezes adotasse a primeira para alfinetar as elites intelectuais que o desprezavam. Segundo ele, os fatores biológicos e psicológicos de uma raça são hereditários e, além disso, necessariamente nivelam e limitam a evolução dos "povos inferiores" ou os "grupos sociais inferiores" dos povos civilizados, tais como mulheres, crianças e classes populares. Por outro lado, apesar de não responsáveis ou mesmo impermeáveis ao progresso, as grandes crenças da massa da população seriam responsáveis pela coesão e pela estabilidade social, o que significa que as elites deveriam conhecê-las – a psicologia ou a mentalidade de um povo – para reduzir sua possível interferência (negativa) sobre a diferenciação ou individuação dos homens superiores. Ao enfatizar o caráter hereditário das crenças populares e a desigualdade psicológica entre elites e massas – em detrimento de sua ascensão pela educação – a teoria de Le Bon atingia o cerne da crença republicana na meritocracia e na "educação para a democracia", o que lhe rendeu vários inimigos no campo do poder e no campo intelectual[9]. Diante do caráter imutável do tipo "médio" da população, mal se entende como pode ocorrer evolução intelectual, processo caracterizado pela diferenciação de indivíduos favorecidos por uma inteligência superior e, portanto, legítimos representantes da "aristocracia intelectual", mais especificamente, uma "(...) pequena elite de cientistas, inventores, artistas, escritores, grupo infinitamente restrito em relação ao resto da população, mas que é o único responsável pelo nível de um país na escala intelectual da civilização"[10].

Dois pontos merecem ser destacados nos estudos antropológicos e psicológicos de Le Bon: as conseqüências políticas de sua visão elitista e aristocrática do mundo e a sua visão de ciência social. Ao adotar o modelo de coesão social das sociedades tradicionais, baseado na idéia de homogeneidade intelectual e social, projetando-o, sem mediação, sobre as classes populares das sociedades européias modernas, fez uma leitura depreciativa dos movimentos coletivos contemporâneos e, em especial, das lutas trabalhistas. Quanto à sua visão das ciências sociais, ela é típica da posição de "intelectual livre" que ocupa no campo intelectual, uma vez que valoriza a viagem e o conhecimento *in loco*, a importância do "vivido" e da "experiência", em detrimento do "livresco", ou seja, dos estudos dos especialistas. Essa oposição é estrutural ao campo das ciências sociais, pois representa a tentativa de legitimação de uma prática mais intuitiva e indivi-

---

9. Sobre a relação entre a Terceira República e as teorias raciais, conferir REYNAUD-PALIGOT, Carole, *La Republique raciale – 1860-1930*, Paris, PUF, 2006.

10. LE BON, Gustave, *Lois psychologiques de l'évolution des peuples*, Paris, Félix Alcan, 1894, p. 38.

dualista do saber científico, que se pretende inovador, contra formas mais coletivistas e profissionais de trabalho intelectual.

Le Bon e o mundo universitário: da psicologia experimental à psicologia social

Com a consolidação da Terceira República francesa, ao longo dos anos 70, teve início um processo de laicização e de universalização do ensino, cujo marco são as leis de 1881 e 1882 que levaram o nome do então ministro da instrução pública, Jules Ferry, instituindo o ensino primário laico e obrigatório. Esse processo inaugurou disputas pelo controle da educação entre republicanos e católicos e, de maneira mais ampla, entre os defensores da escola pública e os partidários da escola particular, laica ou confessional. A questão é fundamental para entender os debates da época e as posições no campo das ciências sociais: se, por um lado, a Terceira República inaugurava uma relativa democracia no recrutamento tradicional das elites, por outro lado, estas questionavam os benefícios da educação pública com o apoio da teoria social. Na universidade, essa polarização se deu principalmente entre, de um lado, a filosofia espiritualista ou católica e, de outro lado, os evolucionistas ou positivistas, críticos da tradição intelectual espiritualista. Nessa oposição, a "psicologia" foi utilizada por ambos os lados como arma de combate.

Até a década de 70, a psicologia era um tópico da disciplina de filosofia e seu conteúdo versava sobre as clássicas diferenças entre as faculdades da memória, razão e imaginação, programa instituído por Victor Cousin nos anos 30[11]. Como método de estudo adotava a introspecção, uma vez que pressupunha que os fenômenos da consciência eram imediatamente acessíveis ao filósofo. Foi ao longo dos anos 70 que Théodule Ribot, normalista e doutor em letras, deu início a uma série de publicações que visavam combater o espiritualismo psicológico e inaugurar a psicologia experimental ou positiva, ou seja, uma psicologia baseada em fatos fisiológicos ou patológicos. A mais importante delas foi, sem dúvida, a *Revue philosophique*, revista fundada por ele em 1876 e considerada um bastião da psicologia científica, ainda que publicasse artigos de espiritualistas uma vez que, segundo Ribot, não se pretendia uma "revista de escola". Uma década depois a psicologia experimental se institucionaliza no ensino superior: em 1885, uma cadeira de Psicologia Experimental é criada para Ribot na Sorbonne e, em 1888, outra de Psicologia Experimental e Comparada no Collège de France, com o empenho de seu administrador, Ernest Renan. Do fim da década de 80 ao início do século seguinte, laboratórios, revistas e sociedades científicas foram criados na área de psicologia experimental, psicopatologia e psicofisiologia. A psicologia se consagrava como disciplina médica, mas também se beneficiava de seu parentesco com a tradição filosófica.

As teorias científicas adotadas por Le Bon mostram que ele estava afinado com a vanguarda política e inte-

---

11. A psicologia eclética foi dominante no ensino desde os anos 1830, através de seus representantes Victor Cousin, Theodore Jouffroy e Adolphe Garnier. Sobre a psicologia no secundário, cf. FABIANI, Jean-Louis, "Le Bon Programmes, les hommes et les oeuvres: professeurs de philosophie en classe et en ville au tournant du siècle", in *Actes de la recherche en sciences sociales*, vol. 47, 1983, pp. 47-8. Sobre a importância da filosofia nesse período cf. FABIANI, Jean-Louis, *Les Philosophes de la République*, Paris, Minuit, 1988.

lectual que, nos anos 60, combateu o espiritualismo e o catolicismo. Em linhas gerais, pode-se dizer que, dos anos 60, ele herdou o liberalismo econômico do Segundo Império, dos 70, o evolucionismo de Herbert Spencer e, dos 80, a psicologia de Ribot e da Escola de Nancy. Além disso, a visão conservadora de Hippolyte Taine, presente em seus escritos desde o início dos anos 70, como no artigo *Psicologia do jacobino*, impregnou sua concepção sobre os movimentos sociais[12]. O coquetel de teorias sociais que acumulou nessas décadas foi posto em prática a partir dos anos 90, quando passou a escrever uma série de obras de psicologia social que podem ser enumeradas por ordem de publicação: *Leis psicológicas da evolução dos povos* (1894), *Psicologia das multidões* (1895), *Psicologia do socialismo* (1898), *Psicologia da educação* (1902), *A psicologia política e a defesa social* (1910) e a *Revolução Francesa e a psicologia das revoluções* (1912). A psicologia era uma matéria adequada para servir às lutas de Le Bon no campo intelectual, pois nos anos 90 ela passou a ter prestígio no debate público, ao mesmo tempo que, como disciplina, mantinha um programa de pesquisa eclético, a meio passo entre a filosofia e a medicina. Seu prestígio social nesse período foi tão amplo que influenciou até mesmo o campo literário através do romance psicológico, gênero que pretendia fazer análise psicológica de fatos da vida pública ou privada com base nas "ciências mentais" – neurologia, psiquiatria e psicologia –, ou seja, nos ensinamentos de Taine, Ribot, Charcot e Bernheim.

Le Bon conheceu Ribot nos anos 70, provavelmente nos meios da medicina mental e, desde 1877, passou a pu-

---

12. Taine publicou *La Psychologie du Jacobin* em 1871, no contexto da guerra franco-prussiana e da Comuna de Paris, artigo pessimista que posteriormente incorporou a *Origines de la France contemporaine*.

blicar em sua revista; com seu apoio inaugurou, em 1893, o primeiro de seus salões, o *Banquet des XX*, e com suas redes formou, a partir de 1902, parte do catálogo de sua coleção na Flammarion. Através de Ribot, Le Bon entrou em contato com outras revistas e personalidades ligadas à editora Félix Alcan, entre elas a *Revue Scientifique*, dirigida por Charles Richet, professor de fisiologia da Faculdade de Medicina de Paris. Ao contrário da *Revue Philosophique*, tipicamente universitária, a revista de Richet publicava ciência de vulgarização e não foi por acaso que Le Bon publicou, até 1910, apenas oito artigos na primeira e cinqüenta e dois na segunda. Le Bon também conseguiu publicar três obras de psicologia na prestigiada coleção *Bibliothèque de Philosophie Contemporaine* da Alcan. Como forma de retribuição, mas também estratégia de ascensão intelectual, Le Bon dedicou as *Leis psicológicas da evolução dos povos*, de 1894, a Richet e *Psicologia das multidões*, de 1895, a Ribot. Apesar de não ser um colaborador de primeiro plano nessas revistas, a afinidade entre suas idéias contribuiu para essa aproximação. Afinal, Le Bon era, como o grupo ligado a Ribot, um evolucionista de filiação spenceriana; adotava a noção de inconsciente cerebral dos fisiologistas e neurologistas; acreditava na hereditariedade como fator fundamental da psicologia individual ou coletiva; estabelecia uma hierarquia evolutiva e mental entre as funções complexas e superiores do cérebro e as funções inferiores ou afetivas; via na patologia uma forma de regressão do voluntário e consciente ao automático e instintivo e, finalmente, considerava a dimensão afetiva mais importante do que a racional na psicologia de um povo. Essas tomadas de posição e, mais do que isso, o fato de Le Bon defender a hegemonia da psicologia em ciências sociais, fez com que recebesse o apoio desses e de outros universitários pertencentes ao campo das "ciências mentais", por oposição à crítica demolidora que recebeu por parte dos especialistas de outras áreas das ciências sociais. Na abertura do IV Congresso de Psicologia, realizado em Paris, em 1900, Théodule Ribot abre o evento com uma apresentação sobre a produção psicológica européia e americana desde 1889 e faz a seguinte classificação das várias subáreas e áreas afins ao conhecimento psicológico: 1) neurologia; 2) psicofísica (estudos sensoriais); 3) estudos sobre a memória e a associação; 4) estudos sobre a atenção e as emoções; 5) estudos sobre as operações lógicas; 6) psicologia patológica; e 7) psicologia social[13]. Neste último tópico, Ribot indica Le Bon como um de seus representantes, juntamente com Gabriel Tarde, e dá seu aval às teses sobre psicologia das multidões de ambos os autores. Em 1902, Ribot apresenta de maneira elogiosa a *Psicologia das multidões* à Academia de Ciências Morais e Políticas, a mais consagrada instituição no campo intelectual francês do período.

O elitismo de Le Bon deve muito ao desenvolvimento das ciências mentais ao longo do século XIX. A ruptura radical entre dois mundos, o da inteligência e o dos instintos, não era específica a Le Bon, mas fazia parte das categorias da percepção presentes na cultura médica francesa, pois constitutivas da vida social e profissional desses meios. Entre as clínicas privadas e os hospitais públicos havia uma diferença social profunda que as histéricas de Jean-Marie Charcot tão bem encenaram. Os profissionais ligados à medicina mental atendiam as classes populares em hospitais públicos, mas as classes altas em clí-

---

13. RIBOT, Théodule, "La psychologie de 1896 à 1900", in *IV Congrès de Psychologie*, Paris, Félix Alcan, 1901.

nicas particulares, tratamentos estes em que, ao contrário dos primeiros, esperava-se uma participação ativa do próprio paciente na cura. Ora, os conceitos com os quais Le Bon estabeleceu essa ruptura radical – "imitação", "sugestão", "hipnose" e "contágio" – foram importados da medicina mental, ainda que usados em sentidos diversos pela École de la Salpêtrière, de Charcot, e pela École de Nancy, de Bernheim. Em suas obras de psicologia, Le Bon adotou a teoria de Bernheim, para quem a hipnose era um processo de sugestão por parte do médico (ou alguém de prestígio) sobre qualquer indivíduo, através da manipulação da "imaginação" do paciente, sugestionando-o por idéias, imagens ou atos. Reconhecia-se nos meios da medicina mental que mulheres, crianças, povos primitivos e a "massa do povo" eram mais sugestionáveis, uma vez que sua capacidade racional era considerada menor. A sugestão era, portanto, um fenômeno equacionado numa relação hierárquica e associado ao inferior na ordem dos processos mentais e sociais. Essa teoria dividia o mundo em duas posições intelectuais e sociais praticamente incomunicáveis: de um lado, as funções "inconscientes, mecânicas, automáticas e inatas" e, de outro lado, as "racionais, refletidas, voluntárias e intelectuais". Nesse sentido, é possível dizer que a explicação psicológica dos fenômenos sociais representou uma posição conservadora em relação às teorias sociais concorrentes, uma vez que aderia a categorias cognitivas estritamente hierárquicas e individualistas num momento em que as práticas e as teorias sociais já se baseavam no estudo das estruturas e das instituições sociais.

A teoria da École de Nancy teve impactos importantes sobre outra área do conhecimento social, a criminologia, disciplina e temática que fez bastante sucesso nos anos 80 e 90 na França. À época havia um debate entre a escola italiana de antropologia criminal e a escola francesa de criminologia e, ainda que ambas aceitassem os fatores biológicos (do criminoso) na explicação do crime, a escola de Lyon enfatizava as causas "sociais" do crime, tais como a profissão e a influência da multidão. A teoria da École de Nancy permitia classificar uma nova categoria de crimes: os cometidos sob o efeito da hipnose. Em multidão se poderia induzir pessoas de boa índole aos atos os mais bárbaros porque nessa situação os indivíduos perderiam a capacidade de raciocinar e estariam suscetíveis a estímulos emocionais/instintivos por parte de líderes de prestígio. A hipótese da hipnose e, principalmente, da hipnose coletiva colocava em xeque, até certo ponto, as teses jurídicas clássicas sobre a responsabilidade moral do criminoso, pois, se o crime era cometido num estado pré-consciente, não se poderia em princípio atribuir culpa ao criminoso. Nos anos 90, com os atentados anarquistas, as greves trabalhistas e a fundação de sindicatos, a "questão social" foi o problema por excelência da psicologia das multidões, uma vez que se tratava de saber como responsabilizar criminalmente um grupo de ativistas políticos de *status* diferenciado, mas também como compreender suas "crenças políticas", tratadas por Le Bon como, por princípio, irracionais. Não é à toa que as primeiras psicologias foram escritas por juristas como Gabriel Tarde, na França, e Scipio Sighele, na Itália. Gabriel Tarde havia publicado, em 1892 e 1893, dois artigos sobre a criminalidade das multidões e Scipio Sighele, criminologista pertencente à escola de antropologia criminal de Lombroso, uma obra chamada *A multidão criminosa* [*La Folla delinquente*], em 1891, traduzida pela Alcan em 1892. Ao publicar a *Psicologia das multidões*,

Le Bon adotou muitas das idéias de seus antecedentes e as adaptou às suas teses sobre a hereditariedade da raça e das crenças coletivas, o que gerou uma disputa acirrada pela precedência intelectual da teoria[14]. Le Bon pretendia valorizar a "moralidade" das multidões e não apenas suas disposições criminosas, mas acabou por enfatizar o caráter inconsciente da ação coletiva e a irresponsabilidade penal de parte desses movimentos, na linha de Cesário Lombroso. Apesar de alguns atritos em razão da propriedade intelectual da teoria, as relações entre Le Bon e Gabriel Tarde se mantiveram, até a morte do último, em 1904, nos limites da cordialidade, uma vez que Tarde freqüentava seus banquetes e correspondia, até certo ponto, a algumas de suas solicitações. No fim do século, contudo, Tarde defendeu uma visão mais otimista do progresso social, afirmando, contra Le Bon, que o mundo moderno não deveria ser visto como a "era da multidão", ou seja, de irracionalidade coletiva, mas sim como a "era da opinião", uma vez que o indivíduo racional seria um dos aportes dos meios de comunicação de massa[15].

Apesar do apoio de Ribot e de outros representantes das "ciências mentais" a Gustave Le Bon e a Gabriel Tarde, a psicologia social não conseguiu se institucionalizar como disciplina, revista ou sociedade científica nesse período. Isso porque, entre outras razões, era um discurso típico dos "intelectuais livres", ou seja, sem credenciais acadêmicas, e tinha que enfrentar outros tantos discursos concorrentes para se legitimar, desde as disciplinas estabelecidas, tais como a história e a filosofia, as recém-

---

14. Sobre a polêmica da prioridade, cf. BARROWS, Susanna, op. cit., cap. VI, pp. 123-143.

15. TARDE, Gabriel, *A opinião e as massas*, São Paulo, Martins Fontes, 1992, p. 37.

instituídas, tais como a economia e a estatística, até aquelas que estavam em via de institucionalização, tais como a sociologia. Nos anos 90, enquanto Gabriel Tarde se batia contra a sociologia durkheimiana, Le Bon enfrentava Ernest Lavisse e a historiografia política e social. A *Psicologia das multidões* é bastante ilustrativa nesse sentido: toda a primeira parte da obra é dedicada a demonstrar que a historiografia universitária ou republicana é falsa e a pôr na cena histórica povos fanáticos e bárbaros no lugar de líderes e massas racionais. Ao mesmo tempo, Le Bon criticava a economia política por sua crença na universalidade do *homus economicus* racional. Desse modo, Le Bon mantinha o discurso sobre o "social" sob a dominação das ciências naturais, tanto por redução à psicologia coletiva quanto à sociobiologia. Ora, nos anos 90 esse vínculo estava se esgarçando, uma vez que o naturalismo sociológico e o organicismo foram atacados por várias correntes pedagógicas e universitárias. Nessa década, a proliferação de revistas, coleções, cursos e sociedades científicas na área sociológica, econômica e histórica fez com que novos paradigmas científicos se estabelecessem em detrimento do biológico e do psicológico. Baseada num conhecimento generalista e fundado na hereditariedade, a psicologia leboniana desconsiderava o avanço da especialização científica e da autonomia disciplinar no campo das ciências sociais e, por ser fatalista ou ao menos anti-reformista, afrontava as crenças republicanas no progresso social pela educação.

A antropologia republicana procurava moderar o fator "racial" enfatizando a importância do "meio" ou da "educação" na evolução de um povo, o que significa que era otimista em relação à civilização de todas as raças e condições sociais. Além disso, adotava as teses lamarckianas de transmissão às gerações futuras de caracteres adquiridos, o que abria possibilidades de mudança do caráter de um povo pela reforma social. Ora, para Le Bon, as instituições européias não poderiam ser implantadas nas colônias porque a inferioridade de uma raça era impermeável à aquisição de traços civilizatórios, ou seja, ele negava a evolução por contato/contágio e pela educação. Além disso, ele afirmava que as nações européias eram provenientes de raças distintas – o que dava força às correntes e movimentos nacionalistas e xenófobos, pelo que ficou conhecido como "darwinista social", expressão pejorativa à época e indicativa de adesão à tese do conflito racial. Em 1894, ao publicar um artigo na *Revue Scientifique* em que pretendia demonstrar a necessidade da guerra e, mais do que isso, seus benefícios para a evolução de um povo, foi alvo de protesto imediato pelo diretor da revista, Charles Richet, que lamentou vivamente as opiniões do autor, eximiu a revista de qualquer responsabilidade e, por oposição, defendeu o valor da "humanidade"[16]. Este termo estava então associado ao grupo que valorizava os benefícios da Revolução Francesa, da República, da soberania popular e do homem universal por oposição às hierarquias sociais irredutíveis difundidas pelas teorias estritamente raciais.

No caso de Le Bon, é importante atentar para a ambigüidade do conceito de "multidão" e sua relação com o termo "raça". A "raça" ou "raça histórica" significa o conjunto de características biológicas e psicológicas estáveis de um povo ou nação – e que Le Bon reconhece como

---

16. LE BON, G., "Le rôle des idées dans l'évolution des peuples", *Revue Scientifique*, maio-junho, 1894. RICHET, Charles, "La Guerre et la civilisation: réponse à M. Gustave Le Bon", *Revue Scientifique*, maio-junho, 1894.

fruto de um longo processo de miscigenação de várias raças "puras" em sua origem. Os países mais estáveis, tais como a Inglaterra, teriam sintetizado há mais tempo a mistura racial, razão pela qual, entre eles, haveria maior estabilidade social por oposição à psicologia das raças latinas. O termo "multidão", contudo, tem ao menos duas acepções distintas: ora tem um sentido pejorativo, ou seja, significa uma situação de decadência caracterizada pelo fim das grandes crenças que sustentam uma raça ou civilização, ora apresenta simplesmente um sentido descritivo, definido pelo tipo de sociabilidade através da qual se expressa a própria "alma da raça". Neste sentido, Le Bon reconhece que cada indivíduo traz algo de sua raça para o comportamento multitudinal, de modo que, quanto mais estável a (psicologia da) raça, menos fanática ou bárbara a multidão formada por seus membros. No sentido pejorativo, como grupo biológica ou psicologicamente inferior, o termo "multidão" poderia também ser traduzido por "populacho" ou "plebe", mas não por "massa", uma vez que, nos anos 90, a palavra se tornou apanágio das esquerdas e desapareceu das obras dos republicanos de todos os matizes. Após 1895, Le Bon usa por vezes a expressão "massa do povo", mas dificilmente o termo "massa" isoladamente.

A "multidão" como crítica à raça latina, ao Estado e à escola republicana

Apesar de reivindicar a herança materialista e positivista dos intelectuais dos anos 60, a psicologia leboniana rompeu com algumas de suas teses centrais a partir dos anos 90, em parte porque sua posição no campo intelectual se distanciava cada vez mais da dos herdeiros de Taine, portadores de carreiras universitárias. Ainda que o autor recorresse a teorias científicas reconhecidas, o caráter militante de suas obras jogava contra o anseio por legitimidade científica nos meios mais especializados. Suas obras de psicologia são orientadas por uma pergunta clássica – inquirir sobre as causas da grandeza e da decadência de uma civilização ou raça – e por uma função social – tirar lições para a condução da vida pública. A obrigação do trabalho publicista e o ímpeto de se tornar um intelectual público fizeram com que sua psicologia se tornasse um instrumento de suas concepções políticas, e estas uma função de sua posição no campo intelectual. Para quem não tinha credenciais acadêmicas e não poderia fazer carreira universitária, como é o caso de Le Bon, havia duas possibilidades de ascensão intelectual no período: obter o apoio dos republicanos da administração escolar – o que significava obter subvenção ou subscrição de obras para as bibliotecas públicas e mesmo indicação para postos de ensino fora da universidade, caso do Collège de France – ou o apoio do patronato social ou da cultura. Em ambos os casos, isso implicava afinidades político-ideológicas e a capacidade de acumular capital social, ou seja, de formar uma rede de relações pessoais para otimizar oportunidades. Le Bon não tinha, como se viu, afinidade ideológica com os intelectuais do poder republicano e, além disso, perdeu paulatinamente seu capital de relações pessoais no meio pedagógico. O fim do século consolidou o distanciamento de Le Bon dos meios da educação pública e a adesão cada vez mais explícita aos valores e práticas intelectuais do patronato e da edição comercial. Com a fundação de seus dois salões ou banquetes, passou a receber personalidades do mundo político e patronal e se distanciou dos meios universitários e dos republicanos progressistas. A *Psicologia das multidões*, de certo modo, havia preparado o terreno para esse deslocamento.

Como escritor de livros para o grande público e cujo prestígio se funda no discurso da "vivência" e da "experiência" – por oposição tanto ao conhecimento especializado quanto à formação clássica dos manuais escolares –, Le Bon defendeu pedagogias mais pragmáticas e escolas privadas com vocação profissionalizante. Ele não estava sozinho nessa posição: a tese do "intelectual proletário", ou seja, da "superprodução de diplomas", se generalizou nos meios literários e jornalísticos, o que demonstra que ela servia à luta dos escritores contra os titulados ou, em nível institucional, dos dirigentes de escola privada contra as iniciativas estatais de controle e profissionalização da prática intelectual[17]. Daí se entende a crítica do autor ao otimismo republicano ligado à ascensão intelectual da massa da população ou à melhoria de sua consciência política. O aumento dos diplomados gerava maior competição no campo profissional e, além disso, era percebido como desvalorização dos que não ostentavam títulos, imagem depreciativa que eles projetaram sobre os novos admitidos. Nesse sentido, a *Psicologia das multidões*, publicada em 1895, foi um marco político e intelectual inegável, pois de certo modo preparou as lutas do final do século, antecipando a ruptura, nos meios intelectuais, entre um pólo pedagógico e público e outro jornalístico e privado. Os intelectuais que viviam da própria pena e estavam li-

---

17. Sobre o "intelectual proletário" conferir RINGER, Fritz, *Fields of Knowledge. French Academic Culture in Comparative Perspective, 1890-1920*, Paris, Maison des Sciences de l'Homme, 1992.

gados ao mercado editorial, tais como Le Bon, tenderam a adotar visões políticas liberais e antidemocráticas, enquanto os pedagogos preferiram reconhecer a importância do Estado e da educação pública na formação cívica.

Essa clivagem se aprofundou com o surgimento, nos anos 90, de uma esquerda universitária na própria elite do sistema educacional republicano – a École Normale Supérieure –, bem como com a eleição, ao Parlamento, de uma maioria socialista. Do ponto de vista dos que não foram beneficiados pela escola republicana e não tinham prestígio como os universitários, esse fenômeno era uma oportunidade única para atacar a escola como responsável pela formação de uma cultura do "desenraizamento" e do conflito social. E isso tanto mais quanto os intelectuais do poder se mostravam pacientes ou relativamente generosos com os intelectuais socialistas, o que permitia aproximar os republicanos do poder e a escola pública do radicalismo político. O movimento contrário à escolarização em massa surgiu exatamente nesse contexto como estratégia dos intelectuais livres, tais como Le Bon, contra a educação "culta" ou a instrução "especializada" – leia-se, contra o ensino de filosofia/história no secundário e contra a sociologia/ciência social universitária. Segundo a *Psicologia das multidões*, a instrução não tornaria os homens mais felizes ou morais, pois não mudaria seus instintos ou paixões hereditárias; além disso, poderia até mesmo produzir o aumento da criminalidade e instigar o conflito social – algo que os anarquistas, formados pelas escolas públicas republicanas, supostamente demonstrariam de maneira cabal[18]. Le Bon defendeu reformas educacionais para minimizar a falta de iniciativa

18. LE BON, Gustave, *Psychologie des foules*, p. 54 (edição PUF, 1963).

da mentalidade latina, ainda que considerasse o poder da educação muito pequeno em comparação ao da hereditariedade. Segundo ele, o ensino privado ou "livre", promovido pelo patronato, deveria ser incentivado em detrimento do público, as carreiras profissionalizantes valorizadas em detrimento do conhecimento abstrato, a formação voltada às questões práticas em detrimento do ensino clássico e a virilidade promovida através do esporte – de modo a adaptar o povo francês ao espírito da competição econômica mundial.

O movimento em favor da escola privada contra a republicana, expresso pela *Psicologia das multidões*, era correlato à adoção de uma visão liberal ou anglófila, uma vez que os pedagogos tinham legitimidade como representantes da "cultura francesa". Para Le Bon, a Inglaterra era o país da "liberdade" por oposição à França, que se mantinha sob o ideal da "igualdade", ou seja, da democracia e do socialismo. Em todas as suas obras de psicologia, Le Bon passou a identificar ou, ao menos, a aproximar a democracia e o socialismo, e a considerar ambas as teorias expressão de crenças vagas, fantasiosas e típicas da "raça latina". A culpa pela "decadência da raça latina" seria da própria elite política, uma vez que a ascensão das idéias igualitárias era devida, num primeiro momento, à tolerância dos governantes e, num segundo momento, à adesão (irracional) das elites políticas aos ideais populares. É assim que Le Bon explica a Revolução Francesa e é desse mesmo modo que ele passou a ver o crescimento do Estado social na última década do século XIX. Com base na tese clássica de Tocqueville sobre a centralização do Estado[19], ele afirmava que o aumento das funções estatais era um movimen-

---

19. TOCQUEVILLE, Alexis de, *O Antigo Regime e a Revolução*, Brasília, UNB, 1997.

to característico da mentalidade da raça latina e que, ao mesmo tempo, era um indício de sua decadência. Ou seja, um processo considerado uma fatalidade, parte da constituição natural do povo, e uma patologia a ser corrigida ou minimizada, contradição apontada por vários críticos de sua obra. Nesse mesmo sentido, o socialismo era considerado por ele uma das "crenças" da raça latina, comparável ao catolicismo e à democracia, bem como uma opinião típica de certas ocupações estatais, principalmente de funcionários e de universitários, a ser erradicada. Essa constituição "acomodada" da raça seria demonstrada pelo próprio ímpeto do povo francês de conseguir emprego público e pelo desprezo em relação à iniciativa privada. Uma vez que era impossível ao Estado absorver a "superprodução de diplomados", as ambições não atendidas eram o caldo de cultura em que se desenvolveria a revolta, a criminalidade e a adesão ao socialismo. Os líderes populares eram recrutados, portanto, entre os diplomados cujas ambições foram frustradas pelo Estado[20].

Nesse sentido, pode-se afirmar que as crises pessoais que atravessam a trajetória intelectual de Le Bon iluminam as transformações intelectuais de uma época. Sua trajetória e seus textos revelam oposições entre figuras intelectuais em crescente processo de polarização: o "intelectual burguês", ligado aos salões parisienses, o "intelectual público", dependente do mundo da edição ou da educação e, finalmente, o "especialista universitário".

---

20. Veja-se, por exemplo, uma frase exemplar que poderia ter saído da pena de Le Bon: "Todos esses pequenos funcionários, advogados sem causa e médicos sem doenças, cuja instrução universitária formou ambições e cuja servidão social fez revoltados se tornaram maravilhosos agitadores da miséria popular." BERENGER, Henri et alli., *Les Proletaires intellectuels en France*, Paris, La Revue, 1898, p. 29.

Por trás dessas figuras, oposições intelectuais, ou seja, espaços sociais em competição por legitimidade. Como intelectual público, mas crítico da educação republicana, restava a Le Bon aderir às representações associadas ao patronato liberal.

Le Bon é um autor ancorado no seu tempo e que se preocupou em entender e escrever para seu próprio tempo, ainda que tenha inspirado líderes políticos como Mussolini ou Hitler. Por mais que ele enfatizasse a "irracionalidade" das ações humanas, essa era antes uma estratégia voltada à crítica das elites pedagógicas e republicanas, como procurei mostrar, do que uma teoria sociológica "pura" ou uma adesão política ao "líder carismático"[21]. Le Bon manteve a crença na capacidade evolutiva dos níveis superiores das camadas sociais e, principalmente, nas elites intelectuais e científicas, criticando o que considerava um aprisionamento da "razão" pela instituição universitária ou pedagógica. Por outro lado, é inegável seu desprezo por certos grupos sociais: as crianças, os povos primitivos, as mulheres e as classes populares são para ele não apenas seres inferiores, ou seja, dominados pelos instintos e pela constituição biológica e mental da raça, mas também, e essa é uma diferença importante em relação aos pedagogos e universitários, incapazes de evolução no sentido da individualidade ou da racionalidade.

Os estudiosos de Le Bon divergem enormemente sobre como classificá-lo em termos políticos. Ele foi consi-

---

21. Também não se deveria identificar o "líder" de Le Bon ao carisma weberiano, uma vez que a capacidade do líder leboniano é individual e o processo de sugestão hipnótica uma relação causal, por oposição ao carisma weberiano que resulta de uma relação social significativa. Cf. WEBER, Max, *Economia y sociedad*, México, Fondo de Cultura, 1997, p. 19.

derado desde um liberal-democrata até um protofascista, multiplicidade que se compreende uma vez que o texto leboniano está orientado muito mais para a intervenção no seu próprio tempo do que para a elaboração de uma teoria internamente coerente. Por essa razão, os trabalhos com maior sensibilidade histórica avançaram mais no debate, tais como o de Robert Nye e o de Benoît Marpeau. Para o primeiro, Le Bon teve uma fase positivista e liberal-conservadora até o fim do século, mas guinou à direita e ao pensamento autoritário ao aceitar, após 1902, a religião como princípio da coesão social. A defesa de um "ideal comum" e da "devoção patriótica das multidões" seria um primeiro passo na direção do que, posteriormente, seria produzido pelo pensamento fascista[22]. Marpeau, pelo contrário, afirma que não encontrou nos textos e nos meios sociais de Le Bon nenhum empreendimento de manipulação das multidões e que todo projeto de intervenção social se reduziu à educação, sempre com a preocupação de construir a individualidade[23]. O estudo de Marpeau me parece definitivo. A crença na racionalidade individual está de tal forma arraigada no meio social de Le Bon que não se pode, sem cometer anacronismo, considerá-lo um teórico da sociedade de massas ou um ideólogo da dominação das massas no sentido que lhe dará o século XX.

MARCIA CRISTINA CONSOLIM

---

22. NYE, Robert, *An Intellectual Portrait of Gustave Le Bon: A Study of the Development and Impact of Social Scientist in Historical Setting*, PhD. Dissertation in Sociology, Maddison, University of Wisconsin, 1969. Idem, *The Origins of Crowd Psychology: Gustave Le Bon and The Crisis of Mass Democracy in the Third Republic*, London, Sage Publications, 1975 (Sage Studies in 20th Century History, vol. 2).

23. MARPEAU, Benoît, op. cit., p. 336.

BIBLIOGRAFIA COMPLETA

- *La mort apparente et les inhumations prématurées*, Paris, Librairie moderne, 1866.
- *De la mort apparente et des inhumations prématurées*, Paris, Adrien Delahaye, 1866.
- *Physiologie de la génération de l'homme et des principaux êtres vivants*, Paris, P. Lebigre-Duquesne, 1868.
- *Le Choléra. Nouvelles recherches sur le mode de contagion, la nature et les traitements de cette maladie*, Paris, Asselin, 1868.
- *Traité pratique des maladies des organes génito-urinaires, précédé de l'étude chimique et physique des changements que l'urine éprouve pendant les maladies et des indications qui en résultent au point de vue du diagnostic et du traitement*, Paris, Alfred Duquesne, 1869.
- *Hygiène pratique du soldat et des blessés*, Paris, Alfred Duquesne, 1871.
- *L'Anatomie de l'Histologie enseignées par les projections lumineuses*, Paris, Gauthiers-Villars, 1873.
- *La vie: physiologie humaine appliquée à l'higiène et à la médecine*, Paris, J. Rothschild, 1874.
- *La fumée du tabac, recherches physiques et physiologiques*, Paris, Asselin, 1880.
- *L'homme et les sociétés. Leurs origines et leur histoire*, Tome I: *Développement physique et intellectuel de l'homme*, Tome II: *Développement des sociétés*, Paris, J. Rothschild, 1879, 2 vols., 1881.
- *La Civilisation des Arabes*, Paris, Firmin-Didot, 1884.
- *Les Civilisations de l'Inde*, Paris, Firmin-Didot, 1887.
- *Les levers photographiques et la photographie en voyage*, 2 vols., Paris, Gauthiers-Villars, 1888-1889.
- *Les premières civilisations*, Paris, Marpon et Flammarion, 1889.
- *L'équitation actuelle et ses principes*, Paris, Firmin-Didot, 1892.
- *Les monuments de l'Inde*, Paris, Firmin-Didot, 1893.
- *Les lois psychologiques de l'évolution des peuples*, Paris, F. Alcan, 1894.
- *La psychologie des foules*, Paris, F. Alcan, 1895; reedição Paris, PUF, 1995 (col. Quadrige).
- *La psychologie du socialisme*, Paris, F. Alcan, 1895.
- *Psychologie de l'éducation*, Paris, E. Flammarion, 1902.

- *L'évolution de la matière*, Paris, Flammarion, 1905.
- *L'évolution des forces*, Paris, Flammarion, 1907.
- *La naissance et l'évanouissement de la matière*, Paris, Mercure de France, 1908.
- *La psychologie politique et la défense sociale*, Paris, E. Flammarion, 1910.
- *Les opinions et les croyances (genèse, évolution)*, Paris, E. Flammarion, 1911.
- *La Révolution Française et la psychologie des révolutions*, Paris, E. Flammarion, 1912.
- *Aphorismes du temps présent*, Paris, E. Flammarion, 1913.
- *La vie des vérites*, Paris, E. Flammarion, 1914.
- *Enseignements psychologiques de la guerre européenne*, Paris, E. Flammarion, 1915.
- *Premières conséquences de la guerre. Transformation mentale des peuples*, Paris, Flammarion, 1916.
- *Hier et demain, pensées brèves*, Paris, Flammarion, 1918.
- *Psychologie des temps nouveaux*, Paris, Flammarion, 1920.
- *Le déséquilibre du monde*, Paris, E. Flammarion, 1923.
- *Les incertitudes de l'heure présente*, Paris, Flammarion, 1924.
- *L'évolution actuelle du monde*, Paris, Flammarion, 1927.
- *Bases scientifiques d'une philosophie de l'histoire*, Paris, E. Flammarion, 1931.

TRADUÇÕES EM LÍNGUA PORTUGUESA

- *A psychologia das massas*, Lisboa, Francisco Luis Gonçalves, 1886.
- *Psychologia das multidões*, trad. de Agostinho Fortes, Lisboa, Abel d'Almeida/Almanach Encyclopedico Ilustrado, 1908.
- *Psychologia política*, Rio de Janeiro/Paris, Garnier, 1910.
- *As leis psicológicas da evolução dos povos*, trad. de Domingos Guimarães, Porto, Magalhães e Muniz, 1911.
- *Revolução franceza e a psychologia das revoluções*, Rio de Janeiro/Paris, Garnier, 1922.
- *As opiniões e as crenças*, São Paulo, Companhia Brasil Editora, 1956.
- *As opiniões e as crenças*, trad. de Antonio Roberto Bertelli, São Paulo, Ícone, 2002 (col. Fundamentos do direito).